改革中的检察制度研究

王 梓 张承思 郑 莉◎著

四川大学出版社

项目策划：唐　飞
责任编辑：蒋姗姗
责任校对：曾子奇
封面设计：墨创文化
责任印制：王　炜

图书在版编目（CIP）数据

改革中的检察制度研究 / 王梓，张承思，郑莉著.
-- 成都：四川大学出版社，2019.4
　　ISBN 978-7-5690-2856-0

　　Ⅰ．①改… Ⅱ．①王… ②张… ③郑… Ⅲ．①检察机
关－司法制度－研究－中国 Ⅳ．① D926.3

中国版本图书馆 CIP 数据核字 (2019) 第 063994 号

书名　改革中的检察制度研究
著　　者　王　梓　张承思　郑　莉
出　　版　四川大学出版社
地　　址　成都市一环路南一段 24 号 (610065)
发　　行　四川大学出版社
书　　号　ISBN 978-7-5690-2856-0
印　　刷　四川盛图彩色印刷有限公司
成品尺寸　148mm×210mm
印　　张　5.75
字　　数　152 千字
版　　次　2019 年 5 月第 1 版
印　　次　2019 年 5 月第 1 次印刷
定　　价　36.00 元

◆ 读者邮购本书，请与本社发行科联系。
　 电话 :(028)85408408/(028)85401670/
　 (028)86408023　邮政编码 :610065
◆ 本社图书如有印装质量问题，请寄回出版社调换。
◆ 网址 :http://press.scu.edu.cn

四川大学出版社
微信公众号

前　言

自 1949 年新中国成立以来，检察制度就是我国政治制度十分重要的组成部分。我国检察机关自诞生以来，经历了撤销、重建、发展等曲折历程，这是我国法治建设历久弥新的见证和缩影。特别是在全面深化改革和依法治国的背景下，检察机关的作用和地位更加凸显，承载着保障法律正确有效实施，维护宪法权威，努力让人民群众在每一起司法案件中感受到公平正义的重要使命！

我国的检察制度继承并发展了列宁检察理论的精髓，将法律监督作为检察机关的重要职能，这使得我国的检察制度富有中国特色，使得其与世界其他国家的检察制度有所不同。同时，我国检察制度也始终处在不断探索和完善的道路上，这使得"改革"成为我国检察制度的常态。检察制度恢复 40 年来，宪法学、法理学、刑事诉讼法学界的学者们对我国检察制度进行了深入研究，取得了丰硕成果。然而，学界对检察制度理论的探讨并未因此而消减或停滞，在本轮司法改革和监察体制改革浪潮中，检察制度又被推向了风口浪尖，成为学界和实务界讨论的焦点。在这一背景下，我们认为有必要就当下检察制度的若干问题，尤其是对当下热点、难点问题进行系统研究，梳理我国检察制度的发展进程，明确检察制度在我国政治体制中的定位，厘清检察权及其各项权能的制度架构，展望检察实践的前进方向，为我国检察制度发展提供参考路径。对于这些问题的深入研究，并非是简单的人云亦云，而是在回顾总结其他优秀研究成果的基础上，吸收当前检察制度理论结晶和实践经验，理顺改革背景下检察制度的逻辑；于外同其他改革作良好衔接，于内将职能作调整优化，为当前检察制度的全面、充分、平衡发展建言献策。

全书一共分为九章。第一章回顾了我国检察制度诞生以来的发展历程，对检察机关和检察权的演变过程进行了详细梳理。第二章在第一章的基础上，分析人民检察院作为"国家法律监督机关"宪法定位的合理性和必要性。第三章通过对"捕诉分离"和"捕诉合一"两种改革模式的利弊进行细致分析，提出建立一种更加符合宪法基本原则的捕诉部分分离合并的新模式，同时详细论证了重新配置侦查监督权能的思路。第四章主要指出了当前监察体制改革中存在的监察委员会调查权缺乏有效制约的问题。建议摒弃以往的机关思维，更多采纳程序性思维来指导改革，将监察委员会纳入《中华人民共和国宪法》第135条的制约体系，同时检察机关作为专门的法律监督机关应就监察委员会职务犯罪刑事案件调查权的行使承担监督职能。第五章提出在新刑事诉讼法修改背景下，人民检察院行使部分侦查权的必要性，并积极探讨侦查权的实务配置，使之与监察委的职务犯罪调查权之间达到无缝衔接。第六章主要通过深入分析提前介入引导侦查机制，提出应继续延伸引导侦查的诉讼职权范围，为有效行使公诉职能打下坚实基础。第七章主要通过深入研究审查起诉阶段的补充侦查问题，旨在强化承担国家公诉职能的检察机关在侦查和审判中所起到的重要作用。第八章主要讨论了在"捕诉合一"改革大背景下公诉专业化建设的积极探索。第九章对我国检察制度实践的发展方向进行了探讨，提出为巩固发展我国检察制度，检察机关应遵循的理念和检察人员应提升的能力。

由于检察制度改革是个颇为复杂的话题，加之著者水平和经验有限，因此在写作中难免出现疏漏甚至错误，在此恳请各位读者见谅，也欢迎大家批评指正，我们都将虚心接受，以不断提高研究水平。

著　者
2018 年 12 月

目　录

第一章　历史视角下检察制度的嬗变

《中华人民共和国宪法》（以下简称《宪法》）第134条至141条集中规定了我国检察机关的政治定位、职能内容、组织和行权方式、在刑事诉讼中应遵循的基本原则等，为我国检察制度勾勒出了基本轮廓。《中华人民共和国人民检察院组织法》（以下简称《人民检察院组织法》）、《中华人民共和国检察官法》（以下简称《检察官法》）、《中华人民共和国刑事诉讼法》（以下简称《刑事诉讼法》）、《中华人民共和国民事诉讼法》（以下简称《民事诉讼法》）、《中华人民共和国行政诉讼法》（以下简称《行政诉讼法》）等基本法律，明确了检察机关的职能职责和检察权的具体内涵。可以说，检察机关和检察权作为我国的法律事实，得到了宪法和法律的确认。但是，检察权作为一个法学问题，其定位、性质、范围、内容等一直饱受争议，理论界和实务界都对其中诸多问题存在不同的理解和看法，至今仍不能完全统一。特别是在2014年党的十八届四中全会启动第四轮司法体制改革和2016年国家监察体制改革后，检察制度改革再一次被推向风口浪尖，引发社会各界对检察机关和检察权有关问题的讨论热潮。

对这些问题的讨论，诸多论者的切入角度不尽相同：有的通过考察域外检察制度样态着手，有的从法治和宪制的基本原理着手，有的从政治权力关系分析着手，有的从我国刑事司法功能的实现着手，百家争鸣、莫衷一是。对检察机关和检察权问题的激烈讨论，一方面反映了各方面对检察制度的高度关注和检察学理论研究的欣欣向荣，但另一方面，究其根本原因，是因为我国检察制度还存在诸多基本理论和实践问题的分歧，这与同样作为司法权的审判权成熟、稳定的理论和应用体系呈鲜明对比，因此，对检察机关和检察权的研究值得我们继续关注。在此，笔者无意对论者们的观点妄加评论，而仅从我国检察机关和检察权发展的历史脉络出发，梳理检察机关和检察权的演进路径。因为这是我们分析现行检察制度和改革对检察制度的影响，以及展望我国检察制度的未来发展图景的基础。

检察权的发展演进历程大致可以分为四个阶段，这既是检察机关的兴衰历史，亦是检察权随之不断发展演进的轨迹。在这四个阶段中，检察机关经历了建立、被"砸烂"和恢复重建的过程，检察权经历了从"一般监督"到"法律监督"的嬗变，可谓曲折反复。

一、第一阶段：人民政府检察署时期（1949—1954年）

（一）检察机关独立性和法律监督属性的确立

在新中国成立之初，时任中央人民政府组织法起草组组长的董必武建议在中央人民政府中分设人民检察署和人民法院，分别行使检察权和审判权。该建议得到采纳并写进法律，遂《中华人民共和国中央人民政府组织法》（以下简称《中央人民政府组织法》）第5条规定："……组织最高人民法院及最高人民检察署，以为国家的最高审判机关及检察机关。"第28条规定："最高人民检察署对政府机关、公务人员和全国国民之严格遵守法律，负最高的检察责任。"这是新中国第一次以法律的形式明确规定检察机关和检察权，并为检察机关在政治权力体系中的定位和检察权的界定奠定了基调。按照《中央人民政府组织法》规定，最高人民检察署设在中央政府委员会下，与行使行政权的政务院和行使审判权的最高人民法院平行，初步形成了类似"一府两院"的政治权力格局。同时，《中央人民政府组织法》明确了检察署的权力内容，虽然其对检察权的具体内容没有作详细规定，但从法律条文文意可以领会出"法律监督"含义。

值得注意的是，由于当时我国最高检察机关的全称是"中央人民政府最高人民检察署"，遂有论者认为我国检察权属于行政权的组成部分，该说法值得商榷。[①] 自 1949 年 10 月新中国成立到 1954 年期间，人民代表大会没有成立，宪法没有制定，中央人民政府是我国当时的最高政权机关，其组成人员由中国人民政治协商会议产生，职权包括：制定并解释国家的法律，颁布法令，并监督其执行；规定国家的施政方针；废除或修改政务院与国家的法律、法令相抵触的决议和命令；批准或废除或修改中华人民共和国与外国订立的条约和协定；处理战争及和平问题；等等。[②] 可见，当时中央人民政府实际是我国最高权力机关，相当于现在的全国人民代表大会，其"政府"应是广义的政府之意，即指国家的立法机关、行政机关和司法机关等机关的总和；按照《中央人民政府组织法》规定，其下设的政务院是国家政务的最高执行机关，所以政务院才是狭义的"政府"之意，行使行政权。因此，我国检察机关自其成立之日起，就直接由最高权力机关产生并向其负责，从未隶属于行政机关，我国检察权也并非曾是行政权的组成部分。

中央人民政府最高人民检察署成立 2 个月后，《中央人民政府最高人民检察署试行组织条例》（以下简称《试行组织条例》）由毛泽东主席批准颁布试行。《试行组织条例》一是明确了检察权的

---

① 徐益初：《实践中探索中国特色的检察制度——借鉴前苏联检察制度的回忆与思考》，《人民检察》，2004 年第 12 期。

② 《中华人民共和国中央人民政府组织法》第 7 条。

具有"一般监督"权能，即可对国家机关、公务人员和一般公民是否严格遵守国家方针政策和法律进行监督；除此之外，还赋予检察机关刑事公诉、对违法或不当裁判抗诉、检察监所及劳改机构违法措施、对下级检察署不起诉决定的复议和代表国家公益参与民事行政诉讼的权力。二是明确了检察机关垂直领导的组织形式和独立检察权的行使，不受地方干涉（包括地方权力机关）。

在其成立近 2 年后，《中央人民政府最高人民检察署暂行组织条例》（以下简称《暂行组织条例》）和《各级地方人民检察署组织通则》（以下简称《地方组织通则》）由中央人民政府委员会通过并颁布，并将《试行组织条例》中的垂直领导模式改为双重领导模式——在受上级检察署领导的同时，也受同级人民政府的领导，其原因有多个方面，如干部经验少、制度不健全、经济发展不平衡和地方领导强等，但这仅是临时性、变通性地调整。①而对于检察权"一般监督"属性则没有改动，仍将其作为检察权的首要权能。

（二）检察权法律监督权能的缘起

从上述三部组织立法可以看到，我国检察机关的检察权从一开始就具有法律监督属性，是检察权最主要的权能。之所以这样，与我国"以苏为师"的特殊历史背景和我国的政治体制密不可分。

1922 年，苏联进行了国家体制改革，设立了独立于行政体系的检察机关，专司维护苏联法制统一的监督职责。1922 年 5 月通过的《检察监督条例》将检察机关的检察权规定为以下四个方面：其一，以对犯罪人追究刑事责任及对违法决议提出抗议的方式，代表国家对一切政权机关、经济机关、社会团体、私人组

---

① 李六如：《关于〈中央人民政府最高人民检察署暂行组织条例〉和〈各级地方人民检察署组织通则〉的说明》，《中国检察史资料选编》。

织以及私人的行为是否合法，实行监督；其二，直接监督侦查机关和调查机关在揭发犯罪方面的工作，并直接监督国家政治保卫局各机关的活动；其三，在法庭上支持控诉；其四，监督对犯人的羁押是否正当。① 从这四种权能可以看出，苏联的检察权与检察权最初在法国创设时制约（法官）权力、控制（警察）权力、守护法律②的三项功能有所不同，并不主要实施刑事公诉职能，而是在刑事、民事、行政三方面实行全方位的法律监督。正如列宁对检察权的论述："检察机关和任何行政机关不同，它丝毫没有行政权，对任何行政问题都没有表决权。检察长的唯一职权和必须做的事情只是一件：监视整个共和国对法制有真正一致的了解，不管任何地方的差别，不受任何地方的影响。"③

从《试行组织条例》和《暂行组织条例》对检察权的规定来看，我国检察制度的建立受到列宁检察思想的深刻影响。一是确立检察权具有法律监督属性，且内容基本与苏联模式保持一致。当时虽未在法律中明确检察机关法律监督机关的定位，但是二者都规定了检察机关对国家机关、公务人员和公民是否遵守法律行使检察权，与苏联检察机关对一切组织和公民行为是否合法进行监督异曲同工；同时，公诉权、抗诉权、监所检察权、民事行政检察权也是借鉴苏联检察权抑或从法律监督职能衍生而来。二是规定检察权行使的独立性。苏联和我国检察机关行使检察权的独立性模式区别于西方国家。我国检察机关独立于行政机关和审判机关，并确立检察机关"垂直领导"模式，这与苏联中央检察机关直接受党中央领导、各级地方检察机关只受中央领导的制度设置如出一辙。该模式与西方资本主义国家把检察权定义为行政

---

① 《苏联和苏俄刑事诉讼及法院和检察院组织法立法史料汇编》（上）。

② 林钰雄：《检察官论》，台北：学林文化事业有限公司，1999 年版。

③ 列宁：《列宁全集》（第 33 卷）。

权，检察机关隶属于司法行政部门的设置完全不同，更能保证检察权行使的独立性。

二、第二阶段：检察制度建立、调整和中断时期（1954—1977 年）

（一）1954 年宪法对检察制度的确认及调整

1954 年 9 月，一届全国人民代表大会一次会议召开，会议表决通过了新中国第一部《宪法》和《人民检察院组织法》。两部法律基本沿袭了《中央人民政府组织法》《暂行组织条例》和《地方组织通则》对检察机关定位、检察权内容和检察权运行方式的规定，即从宪法层面确定"一府两院"的权力架构[1]、继续肯定检察机关的一般监督[2]、明确检察机关的独立性和中央性[3]。但同时，也对检察制度的部分内容做了调整。

1. 将"检察署"名称改为"检察院"

1954 年《宪法》将检察机关的名称由"检察署"改为"检察院"。我国在确立政治体制和设立国家机构时，沿袭了中华民国国民政府对机关机构的阶层称谓。按照惯例，"署"和"部"

---

[1] 1954 年《宪法》第 84 条规定，"最高人民检察院对全国人民代表大会负责并报告工作……"。

[2] 1954 年《宪法》第 81 条第 1 款规定，"中华人民共和国最高人民检察院对于国务院所属各部门、地方各级国家机关、国家机关工作人员和公民是否遵守法律，行使检察权。地方各级人民检察院和专门人民检察院，依照法律规定的范围行使检察权"。

[3] 1954 年《宪法》第 81 条第 2 款规定，"地方各级人民检察院和专门人民检察院在上级人民检察院的领导下，并且一律在最高人民检察院的统一领导下，进行工作"。第 83 条规定，"地方各级人民检察院独立行使职权，不受地方国家机关的干涉"。

同级，级别低于"院"①，对于检察机关的名称，新中国同样继承了民国时期"检察署"的称谓，但是与国民政府将"检察署"设在最高法院之下不同，我国《中央人民政府组织法》赋予检察署与政务院、人民法院相平行的地位。出于历史的惯性，在外界看来，"检察署"这一称谓造成了其与政务院和人民法院相比层级较低的错觉，不利于法律监督工作的开展。因此，毛泽东主席在听取彭真同志关于起草《人民检察署组织法》的汇报后讲道："既然检察工作这样重要，为什么不叫'院'呢？可以叫'院'么！"② 后中央政治局讨论了这一意见，一致同意将人民检察署改为人民检察院。至此，我国人民代表大会制度下的"一府两院"——即中央人民政府、最高人民法院、最高人民检察院的国家机构体制正式形成。

2. 对法律监督的范围和内容进行调整

1954 年《宪法》和《人民检察院组织法》对检察机关法律监督的范围和内容都做了一定调整：

一是将"负最高的检察责任"改为"行使检察权"。前文已述，我国检察权法律监督属性与苏联检察权最高监督属性存在本质区别，我国的检察权是由人民代表大会的最高权力分立而来的，因此检察机关的法律监督不可能也不应该高于人民代表大会监督权的层级，检察机关的法律监督亦不统领对行政机关的监督权。因此，我们不宜将检察权的法律监督称为"最高的检察责任"，而改为"行使检察权"这个更为含蓄的说法较为允当。

二是取消对遵守"政策方针"的监督。《中央人民政府组织

---

① 国民政府按照孙中山"五权分立"原则，在权力架构层面设立法院、行政院、司法院、考试院和监察院行使"五权"，各院下设委员会、部、署等二级机关，二级机关下设厅、局等部门。例如，行政院下设内政部、外交部、国防部、侨务委员会、卫生署等。

② 孙谦主编：《人民检察制度的历史变迁》，中国检察出版社，2009 年版。

法》规定检察机关对严格遵守法律的情况负检察责任，而《暂行
组织条例》和《地方组织通则》将"法律"扩大为"方针政策和
法律法令"。显然，方针政策并不是法律，虽然它可能转化为法
律，但是在成为法律之前它还不是国家意志的体现，不具有强制
约束力。检察机关行使的是法律监督权，任务是维护法制统一，
不宜"插手"对方针政策遵守执行情况的监督，这应属于党和行
政机关内部监督的范畴。因此，1954 年《人民检察院组织法》
删去了检察机关对"方针政策"遵守执行情况监督的提法，将检
察机关的监督定格为对"是否遵守法律"行使检察权或进行监
督。另外，1954 年《人民检察院组织法》还删去了关于检察机
关参与行政诉讼、处理不服下级检察署不起诉处分之声请复议事
项的规定，主要是由于前项职能无法执行，后项情况从未出现过
而无须执行。①

三是监督对象范围缩小。根据《暂行组织条例》规定，最高
人民检察署可以对全国各级政府机关进行监督，其中包括政务
院、最高人民法院。1954 年《宪法》和《人民检察院组织法》
将最高人民检察院的监督范围进行了限缩，取消了其对国务院和
最高人民法院的一般监督。这体现了《宪法》对原《中央人民政
府组织法》赋予检察机关"最高的检察责任"的"降格"调整。
同时，对地方检察机关的监督范围也做了修正。原《地方组织通
则》中规定地方检察机关可以对各级国家机关、公务人员和公民
进行监督，包括了对中央政府机关的监督，这显然是不合适的。
因此，1954 年《人民检察院组织法》对此做出了修正，将地方
检察机关的监督对象改为地方国家机关。②

---

① 王桂五：《论检察》，中国检察出版社，2013 年版。
② 同注释①。

3. 将"双重领导"改回"垂直领导"

《暂行组织条例》将各地人民检察署的组织领导模式由原《试行组织条例》规定的"垂直领导"改为"双重领导",意味着各地检察机关既受上级人民检察署的领导,又受同级人民政府委员会的领导。[1] 对于这一改动,时任最高人民检察署副检察长李六如同志在向中央人民政府委员会的报告中做出过说明,他称将组织领导形式改为"双重领导"仅是暂时的,待条件改善后将改回"垂直领导"。[2] 正如其所言,1954 年《宪法》和《人民检察院组织法》又将"双重领导"改回"垂直领导",规定地方检察机关的工作不受地方国家机关的干涉。需要特别强调的是,原《试行组织条例》规定检察机关工作不受"地方机关"的干涉,《人民检察院组织法》将其修改为不受"地方国家机关"干涉,避免原规定有将党的领导排除在检察工作范围之外的嫌疑。

4. 新增批捕权

原《试行组织条例》和《暂行组织条例》中都未赋予检察机

---

[1] 《各级地方人民检察署组织通则》第 6 条规定,"各级地方人民检察署与上下级及同级各机关之关系如下:(一)各级地方人民检察署受上级人民检察署的领导。(二)各级地方人民检察署(包括最高人民检察署分署)为同级人民政府的组成部分,同时受同级人民政府委员会之领导,与同级司法、公安、监察及其他有关机关密切联系,进行工作。省人民检察署分署受所在区专员的指导……"。

[2] 李六如指出:"在原来的《试行组织条例》中是采取垂直领导的原则的,但因试行一年多的经验,有些窒碍难行之处。故修正案改为双重领导……所以作如此的修正,因为我国过去曾经是半封建半殖民地的社会,经济发展极不平衡,各地情况悬殊不一,地域辽阔,交通不便,而各级人民检察署,目前又多不健全或尚未建立,因此暂时还只能在中央统一的政策方针下,授权于地方人民政府,使其发挥机动性与积极性。同时我们人民民主政权的发展过程,是由地方而中央。关于当地的一些具体问题,地方政权领导强,经验多,易于了解本地情况;各级地方人民检察署是一个新设立的机构,干部弱,经验少,尚需当地政府机关根据中央的方针计划,就近予以指导和协助。故此时将垂直领导改为双重领导,是切合目前实际情况的。"参见闵钐编:《中国检察史资料选编》,北京:中国检察出版社,2008 年版。

关批准逮捕的权力，苏联检察机关也没有这项职权。而1954年《宪法》第89条规定，"任何公民非经人民检察院批准，不受逮捕"。之所以赋予检察机关批捕权，是出于对公安机关和审判机关的制约。在新中国成立到1954年期间，公安机关和审判机关在维护社会治安、打击犯罪方面发挥着巨大作用，但在司法工作中也造成了较为突出的错捕、错押、错判、错杀现象发生，中共中央因此对这些错案进行了专门清理和平复。[①] 然而"专门处理"不具有长期性，造成冤假错案的根本原因还在于权力监督和制约不足，为此，1954年《宪法》专门赋予检察机关批准逮捕权，对公安机关的拘捕活动开展审查。同年12月，全国人大常委会颁布《中华人民共和国逮捕拘留条例》，其中第12条专门规定："人民检察院对违法逮捕、拘留公民的负责人员，应当查究。"这样，公安机关在逮捕、起诉环节均需检察机关决定程序走向，在侦查活动中要受到检察机关的监督；同时，检察机关通过提起公诉、支持起诉和抗诉等法定方式对审判活动实行监督。至此，公、检、法在刑事诉讼中相互配合和制约的格局初步形成。[②]

（二）检察机关被撤销

1. 一般监督受到广泛质疑

1954年《宪法》将"一般监督"作为检察机关的法定职责之一，但是该项职能的行使为国家机关、公务人员、公民及检察机关自身带来一定困扰，主要体现在四个方面。一是理论与实际

---

① 1953年中央政法委的报告指出："经抽查，一些地区公安机关搞假案700多起，错判案件占抽查数的10%，公民的人身权利、民主权利遭到严重侵害。"同年，中共中央《关于处理各级人民法院在过去时期所发生的错捕、错押、错判、错杀的问题的指示》指出："凡是真正错捕、错押、错判、错杀的案件必须予以清理。……凡属于完全无辜的劳动人民被错捕、错押者应立即释放，错判者应即改判；错杀者应即平反。"

② 徐益初：《论检察》，北京：中国检察出版社，2013年版。

脱节。列宁创立检察权"法律监督"理论和将检察机关作为法律
监督机关以统一法制，是在政治体制层面的设计，而对监督形
式、监督范围、监督程序没有更为详尽的阐释，需要在实践中不
断摸索。我国在引进列宁法律监督理论时，虽在国家层面对检察
权配置进行了本土化改造，但是在实践中没有充分细化，而自身
又缺乏履职经验，因此在行使权力时常束手束脚，甚至将其"束
之高阁"。二是思想上没有做好准备。这一问题主要出现在检察
机关内部，在如何行使"一般监督"权时尚存争议，没有形成统
一的思想和决心。有的人认为检察机关"一般监督"是宪法对检
察权的首要定位，并且现实中也大量存在国家机关、国家机关工
作人员及公民违法的现象，因此检察机关应将监督作为行使检察
权的经常的、重要的任务。另一种意见认为，根据当前的形势和
任务，检察机关应当将主要精力放在打击犯罪上，应着重用好侦
查、批捕和起诉权，对违法侦查和审判开展监督；而一般监督是
一项对内行使的职权，应当谨慎适用，目前我们经验不足，不宜
普遍开展。① 三是制度上不完善。检察机关作为法律监督机关，
在如何行使监督权方面没有专门立法，致使权力行使不充分、不
全面；在监督范围上，有的检察机关没有把重点放在对国家机关
和公职人员监督上，而是将矛头对准企业、公民，严重偏离了法
律监督的初衷；在监督方式上，一些检察机关照抄照搬苏联模
式，将其简单套用到我国，与社会实际情况并不恰合，引起了民
众的反感。② 四是政治上的批判。由于受到1957年"反右运动"
和"左"的思潮影响，法律虚无主义盛行，社会普遍否定法律在
治国理政中的重要地位，检察机关被认为没有存在必要；同时，

① 徐益初：《论检察》，中国检察出版社，2013年版。
② 甘雷、谢志强：《检察机关"一般监督权"的反思和重构》，《河北法学》，2010年第4期。

检察机关的"一般监督"被极端的左倾思想理解为"凌驾于党政之上",作为错误思想进行批判,因此"一般监督"也在此期间陷于停滞。

2. 检察机关被撤销

1966 年,"文化大革命"开始,检察工作受到很大影响。1968 年 2 月,中央批准《关于撤销高检院、内务部、内务办三个单位,公安部、高法院留下少数人的请示报告》,最高人民检察院不复存在,我国检察工作因此中断。① 1975 年《宪法》修订,其第 25 条第 2 款规定,"检察机关的职权由各级公安机关行使",从宪法层面肯定了检察机关被撤销的事实。

三、第三阶段:检察制度恢复和发展时期 (1978—2014 年)

1978 年,叶剑英同志在第五届全国人民代表大会第一次会议上作《关于修改宪法的报告》,他讲道:"我们必须彻底清算'四人帮'破坏公检法的罪行,总结经验教训,加强社会主义法制。……拘人捕人,必须按照法律,严格执行审批制度。""鉴于同各种违法乱纪行为作斗争的极大重要性,宪法修改草案规定设置人民检察院。"② 检察工作在中断 10 年后才得以恢复。

总的来讲,由于"文化大革命"期间对检察工作的负面评价和不当批判,导致对往后的检察工作开展造成了很大的负面影响。虽然检察机关被宪法确定为"法律监督机关",但检察权的行使在一定程度上被限制在诉讼的框架内,而再未恢复到"对国

---

① 曹东:《共和国的检察足迹》,《检察日报》2016 年 10 月 21 日,第 5 版。

② 叶剑英:《关于修改宪法的报告——一九七八年三月一日在中华人民共和国第五届全国人民代表大会第一次会议上的报告》,http://www.people.com.cn/zgrdxw/zlk/rd/5jie/newfiles/a1150.html,2018 年 9 月 23 日访问。

家机关及其工作人员和公民是否遵守法律进行监督"这一广义法律监督的地位。

（一）恢复检察机关及检察权的法律监督权能

1978 年《宪法》对检察机关的规定基本参照了 1954 年《宪法》的模式，不仅恢复了检察机关的设置，也恢复了检察权的"一般监督"权，即对国务院所属各部门、地方各级国家机关、国家机关工作人员和公民是否遵守宪法和法律行使检察权。

但是在检察机关领导体制方面则采取了和 1954 年《宪法》不同的规定，改"垂直领导"为"双重监督"，即最高人民检察院监督地方各级人民检察院和专门人民检察院的检察工作，上级人民检察院监督下级人民检察院的检察工作。对于这一修改，笔者认为其并不符合检察权"一般监督"的定位，不利于检察机关监督职能的发挥。李六如认为，我国检察机关法律监督机关的定位和监督职能的发挥，一是体现在对国家机关及其工作人员、公民是否遵守法律进行检察，二是得益于检察机关垂直领导体系，不受任何其他机关的影响，才能维护法制的统一。[①] 如果没有最高检察机关对全国各地检察机关和上级检察机关对下级检察机关的领导，各地检察机关就必将只向地方人民代表大会负责，丧失独立性而完全成为地方政权的组成部分，以维护地方党委政府的执政行权为最终目的，那么其维护国家法制统一的目的和实现对地方国家机关及其工作人员的一般监督就会成为空谈。

1979 年，《人民检察院组织法》迎来大修，最为主要的修改有三点：

[①] 李六如指出，"一般监督，即代表国家，维护国家和人民的权益，检察政府的法律、法令、决议、政策等之严格执行，换句话说，即是检察政府机关，公务人员、陆海空军、公民有无违法措施与违法行为。职权很大，范围很宽。因而其组织是垂直系统的一重领导，不受任何政府机关影响的。"参见《检察制度》，中央人民政府最高人民检察署 1950 年印行。

　　一是首次明确检察机关的性质是国家的法律监督机关。1954年《宪法》和《人民检察院组织法》、1978年《宪法》都明确检察机关的职能有一般监督、侦查监督、审判监督和监所劳改监督四类，但是并没有概括检察机关法律监督机关的性质和定位。[①]检察机关和检察权经过前30年的发展，在监督侦查机关、审判机关和其他国家机关上取得了实效。同时，邓小平在1978年12月中共中央工作会议闭幕式上提出："为保障人民民主，必须加强法制。……加强检察机关和司法机关，做到有法可依、有法必依、执法必严、违法必究。"[②]鉴于此，1979年《人民检察院组织法》旗帜鲜明地在第一条就明确规定"中华人民共和国人民检察院是国家的法律监督机关"。

　　二是将检察机关上下级关系由1978年《宪法》确定的"双重监督"改为"一重监督、一重领导"。审判机关上下级确定为监督关系，是根据审判机关独立行使审判权及四级两审终审制的基本特点确定的。而检察机关与审判机关不同，检察机关是法律监督机关，检察机关的独立性主要是要求其独立于监督对象而非上级检察机关，如果脱离上级检察机关的领导，各地检察机关的独立性将更无保证。彭真在对1979年《人民检察院组织法》进行修改时也认为："上级检察机关对下级检察机关，特别是最高人民检察院对各下级人民检察院之间，如果没有保证统一和高效运转的领导与被领导关系，是不可思议的。""承认检察机关作为法律监督机关的性质，就必须确立检察机关上下级之间的领导与被领导关系。"因而他进一步指出，1978年《宪法》确定的"双

---

　　① 王桂五：《王桂五论检察》，北京：中国检察出版社，2008年版。

　　② 邓小平：《解放思想、实事求是，团结一致向前看——在1978年12月13日中共中央工作会议闭幕会上的讲话》，载《邓小平文选（一九七八——一九八二）》，北京：人民出版社，1983年版。

重监督"规定不符合实际，不利于检察工作开展，需要进行修改。① 因此，1979 年《人民检察院组织法》将上下级检察机关之间的关系由原来的监督关系改为领导关系，同时地方各级检察机关对同级人大及其常委会负责并报告工作，并受上级检察机关的领导，以保证检察机关对全国实行统一的法律监督。②

三是把检察机关对国家机关及其工作人员的监督限制在违反刑法需要追究刑事责任方面。1979 年《人民检察院组织法》对检察权的内容进行了大幅调整：首先，取消了"一般监督"，将对国家机关及其工作人员和公民的监督限定在其违反刑法，需要追究刑事责任的范围之内；其次，将检察机关侦查权限定在对直接受理的刑事案件这一范围之内，即自侦权和机动侦查权；再次，取消了检察机关对执行宪法、民法、行政法律法规的监督。

（二）检察权法律监督权能的限缩及发展

1. 1979 年《人民检察院组织法》对检察权的限缩

1979 年《人民检察院组织法》限缩了法律监督的范围，一方面是因为各界对检察机关"一般监督"的诟病，包括党中央部分领导和时任全国人大常委会法制委员会主任的彭真；另一方面是囿于检察机关自身能力不足，以及法律监督与纪检监察监督存在重合，需要明确界限。③ 彭真在 1979 年第五届全国人民代表

---

① 刘松山：《彭真与 1979 年人民检察院组织法的制定》，《甘肃政法学院学报》，2015 年第 1 期。

② 彭真：《关于七个法律草案的说明——一九七九年六月二十六日在第五届全国人民代表大会第二次会议上》，人民网，http://www.people.com.cn/zgrdxw/zlk/rd/5jie/newfiles/b1070.html，2018 年 9 月 25 日访问。

③ 彭真对检察机关"一般监督"表示过不满，他在一次中央政法工作会议上讲到："现行的人民检察院组织法，中央当时就觉得不满意。……如一般监督，检察院是做不了的，就是在党内，真正有这样的水平，能够搞一般监督的人也不多。"参见《彭真年谱》第三卷，北京：中央文献出版社，2012 年版。

大会第二次会议上关于对《人民检察院组织法》的说明中对此也做出了专门解释：检察机关的法律监督只限于违反刑法的情况，至于违反党纪、政纪而不触犯刑法的案件概由党的纪律检查部门和政府机关处理。对于将法律监督局限在刑事法律范围之内的做法，有许多论者提出了批评，称之为"唯刑事论"。[①] 笔者也认为，限制法律监督于刑事法律范围内的做法是不妥当的：其一，"一般监督"是我国政治体制和权力配置的必然要求，否定"一般监督"并以查办职务犯罪取而代之，实际上是混淆了对"人"监督和对"事"监督的区别，放弃对民事、行政领域的监督，有很大的局限性。其二，检察机关的定位是法律监督机关，即对所有法律的实施情况进行监督，而将检察机关职能限于刑事法监督，显然与法律监督中"法律"的外延不匹配。总之，1979年《人民检察院组织法》取消"一般监督"，把法律监督定义为"刑事法律监督"的做法，给检察机关和检察权的发展留下了难题。

2. 检察权在诉讼监督领域的发展

自1979年《人民检察院组织法》将检察机关法律监督限定在刑事法范围内后，历次《人民检察院组织法》的修改再未涉及"一般监督"，但是检察权的内容随着"刑事、民事、行政"三大诉讼法的制定和修正在诉讼监督领域不断"扩容"。

（1）检察权法律监督权能在刑事诉讼中的变化

一是在侦查权方面进一步弱化。1979年《人民检察院组织法》在检察机关职权中规定了检察机关可对直接受理的刑事案件展开侦查。按照1979年《刑事诉讼法》第13条的规定，"直接受理的刑事案件"包括贪污罪、侵犯公民民主权利罪、渎职罪以

---

① 王桂五：《论检察》，北京：中国检察出版社，2013年版。

及人民检察院认为需要自己直接受理的其他案件（机动侦查权）共22种案件①，范围相对宽泛；但是相较于"两高一部"联合颁布的《关于公、检、法三机关受理普通刑事案件的职责范围的试行规定》中关于检察机关直接侦查案件的范围②，已有一定程度的萎缩。1996年《刑事诉讼法》修正，再次对检察机关直接侦查的案件进行限制：一方面，在法条中明确规定"贪污贿赂犯罪，国家工作人员的渎职犯罪，国家机关工作人员利用职权实施的非法拘禁、刑讯逼供、报复陷害、非法搜查的侵犯公民人身权利的犯罪以及侵犯公民民主权利的犯罪，由人民检察院立案侦查"，将涉税、破坏社会主义经济秩序罪等案件的侦查权划归由公安机关；另一方面，将可运用机动侦查权查办的案件限缩为国家机关工作人员利用职权实施的其他重大的犯罪案件，并且启动侦查必须经省级检察机关决定。

二是刑事诉讼监督权能不断强化。在立案监督方面，1996年《刑事诉讼法》第87条赋予检察机关对公安机关不立案决定进行监督的权力；同时，2010年最高人民检察院、公安部《关于刑事立案监督有关问题的规定（试行）》增加了检察机关对不应立案而立案的监督。在侦查监督方面，2012年《刑事诉讼法》第115条赋予检察机关审查当事人和辩护人、诉讼代理人、利害关系人对于司法机关及其工作人员对违法侦查行为申诉的审查权。在刑事执行监督方面，2012年《刑事诉讼法》第93条要求检察机关在嫌疑人、被告人被逮捕后仍应开展羁押必要性审查，

---

① 按照1979年"两高一部"颁布的《关于执行刑事诉讼法规定的案件管辖范围的通知》规定，人民检察院直接受理的刑事案件包括贪污案、刑讯逼供案、诬告陷害案、破坏选举案、非法拘禁案、偷税抗税案、假冒商标案等22种。

② 该规定对检察机关侦查的案件类型进行了明确，即国家机关工作人员、基层干部和企业的职工中贪污、侵吞公共财产、侵犯人身权利等严重行为，已经构成犯罪需要依法处理的，由检察机关受理。

不以嫌疑人、被告人申请为前提；另外，加强了刑事执行检察的
力度广度，在刑事执行场所设置派驻检察室开展同步监督，对财
产刑执行情况、社区矫正活动开展监督检查。①

（2）法律监督权能在民事诉讼和行政诉讼中的变化

1979 年《人民检察院组织法》删去了检察机关参与民事诉
讼的职能，加之行政诉讼法尚未制定，因而检察权的行使被限制
在刑事领域。但是，检察机关作为法律监督机关，对民事诉讼和
行政诉讼的监督当然应当成为法律监督权能的重要方面，这对保
护公民和法人的合法利益、维护正常经济秩序和司法公正有重要
意义。

虽然 1979 年《人民检察院组织法》中没有涉及民事行政检
察的内容，但是在 1982 年《民事诉讼法（试行）》中增加了检察
机关监督民事诉讼审判活动的内容②，尽管仅有一个条款，这却
改变了检察权"唯刑事"的局面。③ 1989 年《行政诉讼法》制定
参照了《民事诉讼法（试行）》的规定，肯定了检察机关有权对
行政诉讼进行监督，同时赋予检察机关对违反法律法规的生效判
决和裁定依照审判监督程序提起抗诉的权力；1991 年，《民事诉
讼法》颁布，在继续肯定检察机关对民事诉讼监督的同时，赋予
检察机关依照审判监督程序对认定事实证据不足、适用法律错
误、程序违法影响裁判公正和审判人员存在职务违法行为的审判

---

① 魏晓娜：《依法治国语境下检察机关的性质与职权——兼论〈人民检察院组
织法〉修改》，《中国法学》，2018 年第 1 期。

② 1982 年《民事诉讼法（试行）》第 12 条规定：人民检察院有权对人民法院
的民事审判活动实行法律监督。

③ 在 1982 年《民事诉讼法（试行）》制定时，对检察机关应否监督民事审判活
动争议较大，反对论主要来自检察机关内部。《民事诉讼法（试行）》前后共改了 7
稿，前 6 稿都有检察机关监督的条款，且规定十分详细。但正因为检察机关内部分
歧，第 7 稿删去了全部内容，仅保留一条原则性的规定。参见杨立新：《新中国民事
行政检察发展前瞻》，《河南政法财经大学学报》，1999 年第 2 期。

活动提出抗诉的权力。

随着社会经济不断发展和行政权力不断扩张，民事经济纠纷、行政争议不断增多，检察机关对民事行政诉讼活动的监督也日趋频繁和重要。因此，《民事诉讼法》和《行政诉讼法》经多次修正后，检察机关民事行政诉讼的监督权日益扩张，同时关于如何行使权力的规定也越来越详细。[①] 然而，民事行政诉讼监督虽经多年发展，监督上依然具有很大局限性，监督范围仍不大：一是监督原则和监督措施不匹配。两部诉讼法都在开篇对检察机关监督民事和行政诉讼活动进行了规定，但是在具体监督措施上却只限于对已发生的判决和裁定进行审查和抗诉，可见二者是相悖的。如果按照原则规定对民事行政诉讼进行监督，那么如何监督则缺乏法律依据；如果仅仅通过抗诉来进行法律监督，则有违对诉讼全面进行监督的原则。

二是抗诉权不完整。在刑事诉讼中，检察机关可以对一审未生效判决和已生效判决两种途径进行抗诉，但在民事和行政诉讼中，则仅能对已生效判决进行抗诉，这样的抗诉权是不完整的。

四、第四阶段：检察制度重大改革时期（2014 年至今）

（一）司法体制改革[②]

2014 年 10 月，党的十八届四中全会召开，专题讨论依法治国问题。会议通过了《中共中央关于全面推进依法治国若干重大

---

①　2012 年《民事诉讼法》中有关检察机关监督民事诉讼的条款已由 1991 年《民事诉讼法》中的 2 条扩展到 7 条；2014 年《行政诉讼法》中检察机关监督行政诉讼的条款较 1989 年《行政诉讼法》增加至 3 条，其中第 101 条规定检察机关对行政案件受理、审理、裁判、执行监督程序的本法没有规定的，参照《民事诉讼法》执行。

②　这里所称的司法体制改革专指 2014 年开启的司法体制第四轮改革。

问题的决定》（以下简称《决定》），随后司法体制第四轮改革正式开启。本次改革有诸多内容涉及检察制度，赋予检察机关一些新的职能。

1. 检察机关提起公益诉讼制度

为使社会公共利益得到及时有效的保护，《决定》提出"探索建立检察机关提起公益诉讼制度"。2015 年 7 月 1 日，全国人大常委会授权北京等 13 个省、自治区、直辖市开展为期 2 年的检察机关提起公益诉讼试点，取得了突出成效。[①] 2017 年 6 月，《民事诉讼法》和《行政诉讼法》修改，明确规定了检察机关提起公益诉讼的制度；2018 年 10 月，《人民检察院组织法》修正，确定了提起公益诉讼系检察机关的法定职能。

2. 对行政违法和行政不作为进行监督

近年来，由于经济和社会的不断发展，行政权不断扩张，行政机关违法行政或不作为的情况涌现，而对行政行为监督成效无法满足人民群众的需求，使得公民合法权益得不到及时有效保障，社会公平正义秩序得不到切实维护，甚至导致国家利益和公共利益的重大损失。因此，《决定》提出"检察机关在履行职责中，发现行政机关违法行使职权或者不行使职权的行为，应当督促其纠正"，赋予检察机关监督行政行为合法性的权力。该项改革具有里程碑意义，这是取消检察机关"一般监督"权能以来，再一次赋予检察机关监督行政机关（监察体制改革后不包括国家机关工作人员）的权力，检察机关的法律监督将不再局限于诉讼

---

① 截至 2017 年 6 月，各试点地区检察机关在生态环境和资源保护、食品药品安全、国有资产保护、国有土地使用权出让等领域，共办理公益诉讼案件 9053 件，其中诉前程序案件 7903 件、提起诉讼案件 1150 件。诉前程序案件中，行政机关主动纠正违法 5162 件，相关社会组织提起诉讼 35 件；起诉案件中，法院判决结案 437 件，全部支持了检察机关的诉讼请求。参见龚亮：《全面实施检察机关提起公益诉讼制度》，《光明日报》，2017 年 7 月 7 日，第 4 版。

程序或使用诉讼手段，而逐渐向行政行为和立法行为（行政立法）领域伸展。当然，由于该项改革涉及检察权对行政权的干预，在权力行使范围、方式、程序等方面需要深入研究和探索，在实践上需要较长时间的试行和适应，因此在 2018 年 10 月《人民检察院组织法》修正时，暂未将其列入检察机关的职能范围。但笔者认为，由检察机关对行政行为合法性进行监督，符合我国法律监督的制度机理，具有正当性和重要意义，最终会成为检察机关法律监督的重要方面。

（二）国家监察体制改革

2016 年 11 月，中共中央办公厅印发《关于在北京市、山西省、浙江省开展国家监察体制改革试点方案》，国家监察体制改革正式开启，通过设立监察委员会，建立集中统一、权威高效的监察体系。2018 年 3 月，第十三届全国人民代表大会第一次会议通过宪法修正案，将监察体制改革的内容写入宪法，将我国国家权力架构由"一府两院"调整为"一府一委两院"；同时，会议还表决通过了《中华人民共和国监察法》，将监察组织、职权、程序通过法律形式固定了下来。为实现监察体系的"集中统一、权威高效"，改革整合了行政监察、预防腐败和检察机关查处贪污贿赂、失职渎职及预防职务犯罪等职能，在中央和各级地方组建了监察机关，专责行使反腐败职能。

该项改革对于检察机关来说主要是职务犯罪侦查权的转隶，但对于我国检察制度来说，其影响是巨大的。监察体制改革给检察制度的挑战主要有两项：一是导致诉讼监督进一步软化和弱化；二是导致"国家的法律监督机关"这一中国特色面临严峻挑战。① 正因为如此，一些主张修改宪法和检察院组织法以调整或

---

① 朱孝清：《国家监察体制改革后检察制度的巩固与发展》，《法学研究》，2018 年第 4 期。

放弃检察机关法律监督性质、缩小检察职权范围、改变检察权运行模式的主张再一次被提起。笔者认为，虽然监察体制改革为我国检察制度带来严峻挑战，但也为我国检察制度创新完善带来了机遇，为法律监督创造了前所未有的发展空间。对此笔者将在后文详述。

第二章 检察机关在我国
宪法体系中的定位

　　笔者梳理我国检察制度的发展脉络，目的并非简单地回顾检察机关兴衰历史和检察权的起伏渐变，而是要从历史的进程中认清我国检察机关在国家机构中的合理定位，总结我国检察权的具体性质、内容、运行模式。如何更好地让检察机关实现宪法和法律规定的法律监督，这才是历史分析的落脚点。自新中国成立近70年来，我国检察制度经历了"三起三落"，检察机关在权力体系中的地位消长不定，检察权的内容、范围难有定论，特别是在国家监察体制改革进行时，有论者提出检察机关实际已经失去"国家法律监督机关"的地位，我国检察制度需要进行重塑的观点。[①] 然而实际情况是，宪法的修改和《监察法》的出台，并未改变检察机关"法律监督机关"的宪法定位。这足以说明我国检察制度是符合我国政治体制和我国社会经济发展实际的，"法律监督"是我国检察机关和检察权最为适当的定位和定性。

---

　　① 胡勇：《检察体制改革背景下检察机关的再定位与职能调整》，《法治研究》，2017年第3期。

一、检察机关宪法定位的正当性

(一) 宪法把检察机关定位于"法律监督机关"存在政治和历史原因

检察制度发源于西方,并在各个国家法律制度中生根发芽。英国和美国的检察官主要承担公诉职责,并对警察的侦查行为进行指导和监督;法国的检察官除在刑事领域享有侦查、公诉、监督职权外,还有干预民事诉讼的权力;另外,德国、意大利、日本等国的检察制度也与法国类似。① 总的来讲,西方国家在检察制度上一脉相承,虽有细微不同之处,但制度样态大都一致,即以公诉职能和监督警察权为核心,并延伸配置与诉讼相关的其他权力,这与他们立法权、行政权、司法权相互制衡的政治体制有根本关系。

而苏联的检察制度却与众不同。在俄国十月革命后,苏维埃政权废除了原俄国资产阶级的各种制度,建立起了以"巴黎公社"为模板的由独立机构专门维护法律的政治制度。在最初的机构设置下,检察机关被安排于行政序列,其职能与传统检察机关相似。但由于苏联国家形式是特殊的邦联制,各加盟共和国的法律制度各不相同,因此列宁认为苏联需要一个独立机构专门维护法律的统一实施。于是经多方讨论,苏联于 1922 年 5 月正式出台了《检察机关条例》,决定建立国家检察机关,行使一般监督、公诉、侦查监督、审判监督等以法律监督为主的各项权力。1936年,苏联又颁布了《司法人民委员会组织法》,检察机关从司法人民委员会中独立,形成检察权、行政权、审判权平行的权力格局。可见,在列宁检察理论指导下建立的苏联检察制度与传统检

---

① 邓思清:《检察权研究》,北京:北京大学出版社,2007 年版。

察理论下形成的检察制度存在本质区别，检察机关的核心职能不再是公诉而是法律监督。可以说，苏联检察制度是适应苏联国情而建立的新理论、新实践，这在世界各国都无成功先例，但是这套检察制度是否代表检察理论的发展方向？是否具有长久的生命力？是否放之四海而皆准？这些问题都因政治制度、国家形式、社会经济形态不同而难有定论，并且该套制度还未经过长时间的实践检验，到底将来会成功还是失败都未可知。同时，由于西方国家对社会主义阵营国家敌视态度，列宁创设的这一检察理论体系没有也不可能得到较为广泛的讨论、实践和健全，"即使到了今天仍被我们所信奉、肯定和借鉴的列宁的检察理论以及苏俄苏维埃政权关于检察机关和检察制度的实践，从世界范围来说，也是能算是一枝独秀而不具有普世的借鉴和参考的意义和价值"①。因此，这套理论在当时是不成熟的。

那么，为何新中国成立后我们依然选择列宁的检察理论作为我国建立检察制度的依据呢？笔者认为有两个主要原因：一是建立新中国社会主义法制体系的迫切需要。1949年新中国成立，打破了国民党时期的旧制度，废除了"六法体系"，建立了以马克思列宁主义为指导的社会主义国家，当然包括了对苏联法律体系的引进和改造。当时，苏联检察制度是列宁社会主义理论体系的重要部分，在实践中也并未出现太大问题，因此为匹配我国移植苏联的社会主义国家制度，在没有也不可能进行充分论证的情况下借鉴了苏联的检察制度模式，把"法律监督"定义为检察权的核心，作为一种暂时的安排，而在今后实践中继续探索进而明确界定检察权的各项权能。②但是这套以"法律监督"为核心的

---

① 陈云生：《检察权与法律监督机关"疏离"的宪法安排及其寓意解析》，《法治研究》，2010年第11期。
② 同注释①。

检察制度是否契合中国社会实际存在疑问，这也是实践中我国检察制度起起伏伏的原因。

二是我国政治体制的实际需要。我国对苏联检察制度的移植并非简单地照抄照搬，而是出于当时中国政治和社会发展的实际需要。一方面，检察权具有法律监督属性是我国政治体制的必然选择。检察制度诞生于法国，其创设目的主要在于对警察权、审判权的制衡和保障公民权利，因此西方国家的检察权一般仅有控诉职能。西方国家之所以不赋予检察权法律监督属性，是缘于西方立法权、行政权、司法权相互制衡模式和我国人民代表大会制度存在本质不同。在西方立法权、行政权、司法权、相互制衡的模式下，立法权、行政权、司法权都存在不完整性、非终局性、附条件性[①]，因而当权力滥用时，另外两个权力必然会对其产生制约，所以不需要单独设立一种权力对其进行监督。我国实行人民代表大会制度：全国人民代表大会是最高权力机关，从中分立出立法权、行政权、审判权、检察权和军事权。除立法权由人大自己行使外，其他权力机关都由人大产生并向其负责。虽然最高权力也行使监督职能，但这种监督具有宏观性、方向性，对具体事项的监督效果十分有限。所以，为防止权力滥用并弥补监督的不足，就需要分立出一种独立于其他分立权力的监督权，保证各权力的正确行使。鉴于传统意义上的检察权行使具有类似法律监督的功能和特征，二者存在较高的契合度，因而赋予检察权法律监督的权能。[②]

---

① 陈云生：《试论我国法律监督架构及其属性》，《人民检察》，2006 年第 3 期。
② 朱孝清：《中国检察制度的几个问题》，《中国法学》，2007 年第 2 期。

（二）近70年的历史实践证明"法律监督机关"的定位符合我国国情

检察机关的宪法定位一直存在较大争议，并且在新中国历史上检察工作也经历了"三起三落"。因此一直以来，有许多论者都提出观点，建议调整我国宪法"一府两院"的权力架构，取消检察机关"法律监督机关"的宪法定位，将检察机关归入行政序列或与法院合并，甚至还有取消检察机关的论断。然而笔者认为，宪法把检察机关定位于"法律监督机关"，把法律监督作为检察权的核心权能是符合我国国情的。

其一，我国检察工作的"三起三落"非因检察机关法律监督定位造成的，而在于其他客观原因。一是政治原因。从1957年到1978年，由于极"左"思潮的影响，当时人们在思想上认为法制是右倾保守，把"无法无天"当作是革命的象征，因而检察工作日渐凋敝甚至取消，法制的不彰也成为"文化大革命"的间接诱因。① 长时间的"法律虚无主义"对我国法治建设造成了负面影响，尤其是造成对权力监督的不重视，认为检察机关可有可无，这对改革开放以后检察工作的恢复和发展大有影响。二是我国检察制度与我国社会民主意识和法制习惯不匹配。我国从封建社会进入旧民主主义革命时期的时间比较晚，民主法制的观念并不普及，加之新中国成立前我国一直处于动荡和战争之中，民众民主的意识和法制的习惯没有形成。民国时期虽然存在检察制度，但是该制度是遵循西方传统检察的原则来制定的，而列宁提出的法律监督理论与此存在根本不同，因此我国将法律监督作为检察制度核心对于民众和很多干部来讲十分陌生，对这一新型检察机关的性质和任务、法律监督的必要性和重要性不了解，因而

---

① 韩大元、刘松山：《论我国检察机关的宪法地位》，《中国人民大学学报》，2002年第5期。

不重视。这也是检察机关多次被迫"合并"和"裁撤"的原因。① 三是对于法律监督理论的片面理解。很多学者对检察机关法律监督机关的定位和法律监督作为检察权核心提出了质疑，究其原因，一方面因为新中国成立初期检察机关对"一般监督"权的不当行使②；另一方面在于 1978 年《人民检察院组织法》将检察机关法律监督片面限制在刑事和诉讼领域，使法律监督效果难有发挥空间。因此，很多论者提出我国检察制度应当回归传统，基于"审检分立"原则来重塑检察制度，将检察权严格限制在刑事或诉讼领域。然而，仅赋予检察机关公诉权和一些延伸职能，仅在刑事诉讼领域实现对警察权的制衡，实际上是对我国人民代表大会制度下检察机关的功能缺乏清楚的认识，没有看到我国的检察制度是事关宪法的一项基本政治和司法制度，对检察权的改革是事关权力体系架构的改革，是对法律监督理论的片面理解。③

其二，西方传统检察理论并不排斥法律监督。很多论者认为，检察机关的法律监督地位与传统检察理论格格不入，其实事实并非如此。检察制度的兴起本身就是出于对警察权的制约和监督，从其发展趋势来看，公诉权能虽然一直是检察权的核心，但是检察（官）机关的监督权能一直呈扩张之势，体现在两个方面：一是从单纯的对警察权的监督发展到对整个刑事诉讼过程的全面监督，包括对法院审判活动的监督。台湾学者林钰雄认为，检察官这个插入警察与法官之间的"楔子"，其在刑事诉讼中的功能是多元的：通过诉讼分权实现检察官与法官之间的相互制

---

① 王桂五：《人民检察制度概论》，北京：法律出版社，1982 年版。
② 一些地方的检察机关经验不足，一般监督的工作铺得很宽，加上工作方式有问题，一般监督个别时候甚至演变成对正常工作的干预，使被监督单位产生抵触情绪。这与监督工作没有标准和重点，胡子眉毛一把抓不无关系。
③ 陈云生：《中国检察制度与"权力制衡原则"的内在关联的排除之辩》，《政法论丛》，2011 年第 2 期。

约，从而保证司法的客观公正；监督警察活动，保证其行使职权的合法性；维护法律，守护刑事诉讼的客观公正，保障公民权益。[①] 可见，在刑事诉讼之中，检察权是兼控诉和监督复合功能的，其目的是保证法律统一正确实施。二是检察制度已跳出刑事诉讼，开始介入民事、行政领域，保护公民利益和社会公益。无论是英美法系国家还是大陆法系国家，它们的检察制度都已不再局限于刑事诉讼领域，而开始对行政机关、审判机关的各类活动开展监督，区别仅在于监督力度的大小不同。如德国检察机关除对刑事案件侦查、刑事审判和执行活动进行监督外，对"律师执法活动的合法性，也负有一定的监督职责"[②]。法国法律规定，最高检察长的职责是对国家整体执法活动进行监督；检察官在刑事诉讼领域外，还拥有作为当事人参与或联合当事人参与民事诉讼、监督行政法院活动、监督司法辅助人员（如律师、公务助理人员、司法助理人员、司法鉴定人员等）、监督有关机构（如精神病院、狱政机构、私人教育机构等）及其他与维护公共秩序关系紧密的其他事项。[③] 俄罗斯检察制度受苏联影响较大，其宪法规定检察权是一种独立的国家权力——法律监督权[④]，检察机关依法对联邦各部、国家委员会和局、联邦的其他权力执行机关和代表（权力）机关等实施执法监督，对其做出的法律决定是否合法进行监督，对这些机关的公职人员、企业事业组织管理机关的领导人员实施守法监督，对执行法院决定的处罚和强制措施的行

---

① 朱孝清：《检察的内涵及其启示》，《法学研究》，2010 年第 2 期。
② 《德国的检察制度——欧洲三国考察概况之二》，《人民检察》，1994 年第 11 期。
③ 施鹏鹏：《法国检察官的职权》，《人民检察》，2007 年第 17 期。
④ 王圭宇：《检察机关：俄罗斯联邦的"护法机关"》，《检察日报》，2015 年 9 月 15 日，第 3 版。

政机关、监管场所进行执法监督，对民事审判进行执法监督。①可见，俄罗斯检察机关的法律监督权十分广泛，几乎涵盖了国家机关及其公职人员活动的方方面面。

另外，检察机关法律监督职能在诉讼中不会影响审判权威。审判活动始终以庭审为中心，庭审又以法官为中心，检察官出庭支持公诉的活动亦不能例外。我国刑事诉讼法关于庭审程序的制度设计并没有因为检察机关审判监督者的地位而有所倾斜，现在正在进行的刑事庭审实质化改革要求维护庭审控辩平衡亦是例证。虽然检察机关作为控诉人和法律监督人的混合体，其法律监督目的是维护法律统一实施，但其控诉的任务也要遵守客观义务，其对犯罪的追诉不是片面、不论是非、不惜代价的，而是客观公正的，是有利于避免不当起诉和保护犯罪嫌疑人合法权益的。同时，从法律监督权的性质来看，其非实体性权力，而是程序性权力，仅有启动程序和提出意见的功能，至于"启动程序后法院怎么判决，提出纠正意见后法院是否接受、是否纠正及怎样纠正，都是法院自己依法独立自主地作出决定"②，检察机关无权干涉。因此，审判权威由法院自己掌握，检察机关仅是一名"提醒人"。

再者，检察机关诉讼外的职能亦不会打破行政和司法的权力平衡。前文已述，在我国人民代表大会制度下，必须有一个机关作为独立的监督机关，监督行政权和审判权的正确实施，否则行政权和审判权必然不受制约而滥权，行政和司法的效率、公正等内在价值将难以实现。因此，法律监督机关的存在，不但不会影响权力格局，反而是为维护这种权力高效正确运转的必要保证。在西方的政治模式下之所以不需要专门的法律监督机关，是与三

---

① 《俄罗斯联邦检察院组织法》，周志放译，《中国刑事法杂志》，2002年第6期。

② 陈云生：《中国检察制度与"权力制衡原则"的内在关联的排除之辩》，《政法论丛》，2011年第2期。

权之间平行分工、相互牵制、双向制约的特点密不可分的；同时，非权力监督的力量强大也是重要的原因。需要特别说明的是，一些西方国家在立法权、行政权、司法权相互制衡的政体下也设立了专门的监督体系，如瑞典的监察专员、澳大利亚的"廉政公署"和"皇家警察反腐败委员会"、美国的监察长制度等，不过这些独立监督制度没有我国检察机关地位高、权力大罢了。

其三，检察机关的法律监督对我国法治的发展有重大贡献。新中国法治的发展经历了坎坷不平的历程，我国检察制度和检察机关也随之从无到有，不断发展，虽然其间有起有落，但总体上检察机关在法治不断健全的过程中无疑是有重大贡献的。从检察制度经历的"三起三落"来看，法律监督对彰显法治起到不可替代的作用。1951年冬，精简国家机构时，所谓"可有可无"的检察机关虽得到保留，但遭遇合并，难以发挥应有作用，法律监督"名存实亡"。在这期间，全国政法系统出现了前文所述的较为严重的错捕、错押、错判和错杀现象，"一些地区公安机关搞假案700多起，错判案件占抽查数的10%，公民的人身权利、民主权利遭到严重侵害"①。针对这一情况，1954年《宪法》赋予检察机关批准逮捕权，强化对侦查行为和审判行为的监督。据统计，从1954年到1956年，全国检察机关的平均批捕率为68%，平均起诉率为71%②，检察机关的法律监督起到了实实在在的效果。③但是从1957年开始，检察机关受到极"左"思潮

---

① 最高人民检察院研究室编印：《检察制度参考资料（一）》。

② 李士英：《当代中国检察制度》，北京：中国社会科学出版社，1988年版。

③ 1961年1月，时任最高人民检察院检察长张鼎丞在向彭真汇报工作时，彭真明确肯定了过去几年检察机关的工作成绩，他指出："关于我国检察制度、检察机关，中央从来没有说过不要，也没有下过不要的指示。三年来你们审查了一百八十万件批捕案件，批准逮捕了其中的百分之八十，顶住了百分之二十，这就证明检察机关起了作用。"参见刘松山：《彭真与1979年人民检察院组织法的制定》，《甘肃政法学院学报》，2015年第1期。

和"反右"运动的冲击，在 1960 年秋季精简国家机构时，检察机关再一次被合并，法律监督职能因而被"挂起来，备而待用"。由于缺少监督，全国各地很快出现了干部违法乱纪的情况，引起中央高度重视。中央在听取了张鼎丞检察长的汇报后，指出"现在检察机关不是削弱，而是要加强"，并很快撤销了公、检、法三机关合署的决定。从此开始，检察机关内设专门机构，重新行使监督国家机关及其工作人员行为的职能，并将之作为一项经常性工作。据统计，全国 16 个省市仅 1961 年一年就办理相关案件 26000 余件[①]，工作成效显著。"文化大革命"期间，政法部门受到打击，检察工作被迫中断长达十余年。1978 年，检察机关恢复重建，我国检察制度再一次蓬勃发展，为我国法治建设贡献了强大的力量。可以看出，检察机关作为维护法律统一实施的法律监督机关，它的兴衰总是与我国法治状况的起落牵连在一起，形成一种"共生"关系，检察"起"而法治"彰"，检察"落"而法治"没"，二者相辅相成。总的来说，我国的检察制度，特别是法律监督，为我国的法制健全做出了不可磨灭的重要贡献。

二、国家法律监督机关与检察权的关系辨析

1982 年《宪法》第 129 条规定："中华人民共和国人民检察院是国家的法律监督机关。"第 131 条规定："人民检察院依照法律规定独立行使检察权，不受行政机关、社会团体和个人的干涉。"从 1982 年《宪法》颁布起，尽管我国检察机关国家法律监督机关的定位长期被质疑，但是宪法经过 5 次修正，这两个条款却始终没有变化。也即是说，检察院作为法律监督机关在国家机构中的地位，以及检察权作为与行政权、审判权平行的国家权力

---

① 徐益初：《从我国检察机关的发展变化看检察机关定位——对检察机关法律监督地位的再认识》，《人民检察》，2000 年第 6 期。

的分支，得到了普遍认可，总体上在我国人民代表大会制度中是稳定的。但是，与行政权、审判权相比，检察权的性质是独特的，内容是不明确的，权能边界是模糊的。造成这一问题的根源，在于宪法并没有清晰地指出检察权和法律监督机关的关系是什么，这与行政权和行政机关、审判权和审判机关的一致性有重大差别，至今仍有争论。检察机关恢复重建40年来，前后有许多学者和实践工作者对该问题进行过深入探讨，笔者认为行使该权力的主体如果不能厘清该问题，那么我们对检察权的讨论将成为无本之木，对检察机关的未来展望也将成为无源之水，所以笔者在此尝试按照自己的逻辑，梳理二者之间的关系。

（一）需要明确的几个概念

一是检察权。"检察权"是一个宪法概念，但是饱受争议。从宪法的角度来说，检察权是指"检察官或检察机关所享有的权力的总称，是国家的一项重要权力"。[①] 然而这个定义仅能表明检察权是我国国家权力的分支，由检察机关或检察官行使，但是对于检察权的性质、内容等没有做出阐释。之所以难以从这些具体的方面定义检察权，是由于对其性质和内容尚未有统一的认识。笔者将在下文中具体探讨。

二是法律监督机关。在一般语境下，从文本意义上看，法律监督机关即是行使法律监督职能的国家机关的总称，其中，所谓法律监督即是对法律的实施情况进行监督，不包括立法活动。也即是说，只要其权力有对法律实施情况的监督功能，我们都可以称之为法律监督机关，如人大及其常委会、国家监察机关、审计机关、银保监会等都可成为法律监督机关。而在我国的宪法语境下，国家的法律监督机关专指检察机关，这里的法律监督专指检

---

① 邓思清：《检察权研究》，北京：北京大学出版社，2007年版。

察监督，即检察机关的检察权能中的法律监督职能。因此，要释明法律监督机关的概念，必须指明在何种语境下，否则容易造成理解的混乱。

三是法律监督权。与理解法律监督机关的情况相同，对法律监督权的定义也需要确定语境。在一般语境下，法律监督权泛指国家机关对法律实施情况的监督，不单指也不特指监督某种法律或某一国家机关法律监督的权能，其不具有专门性、统一性，监督范围、内容、效力也都不尽相同。而在我国宪法语境下，法律监督权由检察机关专门行使，是对国家法律实施情况的统一监督，与检察权存在紧密联系。①

（二）检察权与法律监督机关之间的关系

明确上述概念，主要是为说明宪法中"检察权""法律监督机关"和"法律监督权"之间的关系，特别是"检察权"和"法律监督机关"的关系。

陈云生教授将宪法对检察机关的定位和对检察权的定性不一致或不重合的现象称之为"疏离"。② 笔者认为，宪法之所以如此规定，并非不严谨或疏漏，而是有意为之，其中隐含了对"检察权"和"法律监督机关"这一对概念及其关系的科学认识和判断。深刻理解这种"疏离"的意义，对充分理解我国检察制度及其发展历史和方向，具有重大意义。

在我国检察制度建立之初，检察权和法律监督之间并没有呈现出疏离，而是统合的。1954 年《宪法》第 81 条规定："中华人民共和国最高人民检察院对于国务院所属部门、地方各级国家

---

① 法律监督权和检察权的关系存在"一元论"和"多元论"两种不同的观点。"一元论"认为检察权统一于法律监督或法律监督权，而"多元论"认为法律监督权与检察权是两种并列的权力。

② 陈云生：《检察权与法律监督机关"疏离"的宪法安排及其寓意解析》，《法治研究》，2010 年第 11 期。

机关、国家机关工作人员和公民是否遵守法律，行使检察权。"其中，对"是否遵守法律"行使"检察权"，就是检察机关对检察对象进行法律监督。另外，在 1954 年《人民检察院组织法》中，将地方检察机关的职能细化为六项，其中有四项为监督职能，分别是：第一，对于地方国家机关的决议、命令和措施是否合法，国家机关工作人员和公民是否遵守法律，实行监督；第二，对于侦查机关的侦查活动是否合法，实行监督；第三，对于人民法院的审判活动是否合法，实行监督；第四，对于刑事案件判决的执行和劳动改造机关的活动是否合法，实行监督。至于刑事案件侦查权和公诉权、有关国家和人民利益的重大民事案件的起诉权和参与权，现在看来是否属于法律监督还有疑问，但在当时也被认为是法律监督的重要方面。① 《人民检察院组织法》对宪法规定的检察权进行了细化，但也紧紧遵循了检察机关法律监督的定位。

检察权和法律监督之间的疏离出现在 1979 年《人民检察院组织法》中。一方面，1979 年《人民检察院组织法》明确了检察机关是国家的法律监督机关的定位，后被 1982 年《宪法》采纳；而另一方面，《人民检察院组织法》却把检察权的内容限定在刑事领域——对于叛国案、分裂国家案以及严重破坏国家的政策、法律、法令、政令统一实施的重大犯罪案件行使检察权。也即是说，此时的检察权仅仅保留了公诉权能、批捕权能、侦查监督权能、刑事审判监督权能和自侦权能，而这些权能与西方传统检察理论中检察官或检察机关的权力几乎一致。同时，我国检察制度此时正式在宪法和法律上放弃了"一般监督"，与列宁检察

----

①　原最高人民检察署副检察长李六如在《各国检察制度纲要》中认为，法律监督分为一般监督和司法监督两个方面。其中，司法监督"即代表国家，保障一切法律能正确实施和运用，换句话说，即是检察、司法、公安等机关，有无违法判决或违法事件。"

理论中将"一般监督"作为检察权的重中之重这一理念相悖。以上两点，也是我国现行检察制度的异议者和消极论者认为法律监督并非我国检察制度的核心和归宿而常常引用的论据。[①]

从新中国检察制度发展的历史眼光看，这种疏离主要是因为制度设计与实践上的差异。应该说，将检察机关定位于法律监督机关，对行政权、审判权进行全方位监督的制度设计，是一种十分超前的做法。然而在法治建设的初期，由于配套制度不完善，加之被监督者和社会舆论排斥，导致了"一般监督"的异化，因此，无论是中央还是检察机关自身都逐渐对"一般监督"形成了警惕和慎重对待的态度，担心再次引发矛盾而使检察机关受到"牵连"。另外，政治上的波动致使检察机关多次受到破坏，因而在恢复法制秩序的初期，不适宜开展"一般监督"，而需要将检察职能具体化。但同时，"检察机关是国家的法律监督机关"作为我国"一元分立"权力架构的必然要求，且为保持监督国家工作人员严重违法、渎职等行为的超然性，有必要确认检察机关独立于行政机关和审判机关的法律监督地位。可以说，宪法对检察制度做出这样"疏离"的规定，"消极地说，是一种迫不得已的做法；积极地说，是通过法律监督机关的运作，对所行的职权可以针对实际情况和经常变化了的情势随时作出调整"[②]。

---

① 如陈卫东认为，应该按照检察机关就是公诉机关的思路去改革司法制度，建立以公诉机关为核心、主导的审判前程序，同时改革现行的逮捕和其他侦查措施的审查批准制度。参见陈卫东：《我国检察权的反思与重构——以公诉权为核心的分析》，《法学研究》，2002年第2期。

② 陈云生：《检察权与法律监督机关"疏离"的宪法安排及其寓意解析》，《法治研究》，2010年第11期。

（三）检察权和法律监督机关的"疏离"对我国检察制度的意义

之所以做出"疏离"的规定，主要是为法律监督的发展留下余地。在过去，我们在创设适应我国政治体制和社会经济状况的检察制度时，以列宁的检察制度理论作为指导，将法律监督作为检察制度的核心。但是由于各方面原因，检察制度的发展经历了较长时间的适应磨合过程，有过教训，但也积累了经验。①

我国检察制度经历了"三起三落"，作为法律监督核心的"一般监督"权仅在1957年前行使过，而在1957年至1979年《人民检察院组织法》颁布期间，"一般监督"仅仅作为组织法的一项条文"备而待用"。在这二十余年间，检察机关对行政机关和审判机关的监督主要是通过对其机关内的国家工作人员严重违反刑事法律的情形进行侦查起诉来实现的。可以说，在1979年之前，检察权和法律监督只是在形式上是统一的，在实践中却是长期疏离的，1979年《人民检察院组织法》不过是在法律上确认了这种疏离的状态。

陈云生教授认为，这种疏离的状态的制度设计，适度将法律监督作为一种开发体系来对待，即法律监督的范围可以依情势和条件放宽或收紧。② 形象地说，法律监督如同一个"箩筐"，当某项活动适宜纳入法律监督范围时，就将其"放入框中"，反之

---

① 1979年6月，最高人民检察院《关于〈中华人民共和国人民检察院组织法修正草案〉的说明》，转引自王治坤：《"法律监督"探源》，《国家检察官学院学报》，2010年第3期。

② 法律监督的开放设计是一种灵活、务实的选择，如同"摸着石头过河"：当发现某些法律监督的事项不适当时，就及时加以调整；而需要作出新的法律监督事项时，就及时地加以补充。这种宪法安排既能使法律监督的事项或范围在保持方向的基本正确，同时也便于随时加以修正或补充。参见陈云生：《检察权与法律监督机关"疏离"的宪法安排及其寓意解析》，《法治研究》，2010年第11期。

则将其剔除。从 1979 年后检察机关职能范围的发展变化来看，这种灵活务实的制度设计对法律监督的"生长发育"铺平了道路，保障了检察制度在宪法中的稳定性。

当然，检察权与法律监督机关之间的"疏离"状态，是随着我国国情的不断变化而变化的。比如，为维护民事行政审判的公正，制约审判权的肆意行使，法律将对民事、行政诉讼的法律监督纳入检察权范围；为避免社会公共利益遭受不法侵害而无力救济，监督行政机关依法履职，法律又将提起民事、行政公益诉讼权赋予检察机关；为构建"集中统一、权威高效"的监察体系，将检察机关对国家机关工作人员的法律监督职能剥离，由监察机关统一实施。总的来说，新中国成立以来我国检察机关法律监督职能一直在不断变化，大致可概括为"全面法律监督（1954年）—局部法律监督（1979 年）—相对全面法律监督（现在）"的发展路径，检察权和法律监督机关之间的关系呈现为"统合—疏离—相对疏离"的状态。当然，随着我国法治水平的提高和检察监督体系的不断完善，"疏离"状态将逐渐向"统合"发展，这也应当是我国检察权内涵不断丰富的路径和我国检察改革动力的源泉。

三、检察机关宪法定位应当继续坚持

"法律监督机关"一直是检察机关在宪法中的明确定位，在多次宪法修正和司法改革中都未动摇。之所以现在提出检察机关应当坚持法律监督机关宪法定位，正是由于当下如火如荼的国家监察体制改革对检察制度的"冲击"。由于这一改革涉及我国国家权力结构的改变，监察机关的成立又吸收了检察机关职务犯罪侦查权，不管这一权力转隶背后的考量究竟如何，又一次激起了各界对检察制度的讨论和对检察机关定位的重新思考。有的学者认为我国检察机关应定位于公共利益的守护者，检察权就是检察

机关基于保护公共利益的需要而向司法机关提起诉讼请求及为实现该诉讼请求而行使的一系列权力的总称；[①] 有的学者认为，在监察体制改革之后，由于公诉权和诉讼监督权的异质同构性，检察机关应定位于公诉机关与诉讼监督机关；[②] 也有学者认为监察体制改革不改变检察机关法律监督的宪法地位。[③] 笔者赞同最后一种观点。对此，我们可以从宪法对检察机关和监察机关的定位、司法体制改革和我国新时期这一时代背景三个方面去理解。

（一）监察体制改革对法律监督的"纯化"

与检察权的其他权能相比，自侦权是检察机关行政属性最强的权力。自侦权作为检察权的重要权能之一，是在"一府两院"权力格局下，法律监督权能有效发挥的重要支撑。因此，一些论者从经验和感性认知出发，认为自侦权的转移必将削弱检察机关的权威，会对检察机关的宪法定位产生冲击。[④] 诚然，自侦权转隶监察委改变了长期以来形成的国家监督体系的权力平衡，但自侦权转隶并没有改变检察机关"法律监督机关"的宪法定位，检察机关的法律监督权没有受到质的影响，而仅是检察权的内容发生了结构性改变。笔者认为，监察体制改革和自侦权的转隶实际上将检察机关的法律监督的范围进行了重新框定，使法律监督权能有了类型化的对象，即只保留对国家机关行使权力的监督，不再对国家机关工作人员行为合法性进行监督。监察体制改革理顺

---

① 陈冬：《监察委员会的设置与检察权的重构》，《首都师范大学学报（社会科学版）》，2017年第2期。

② 胡勇：《监察体制改革背景下检察机关的再定位与职能调整》，《法治研究》，2017年第3期。

③ 夏金莱：《论监察体制改革背景下的监察权与检察权》，《政治与法律》，2017年第8期；秦前红：《国家检察体制改革背景下检察权优化配置》，《理论视野》，2018年第8期。

④ 胡勇：《监察体制改革背景下检察机关的再定位与职能调整》，《法治研究》，2017年第3期。

了对"人"和对"事"两种监督的关系①，将其分由不同的国家机关实施，检察机关可以不再纠结于对人监督和对事监督权力分配的不平衡，也在办理自侦案件这样"既当运动员又当裁判员"的角色冲突中超脱，而专心致志地做好对行政权、审判权的合法性监督。可以说，监察体制改革对检察机关的法律监督是一种"纯化"，既弥合了检察机关行使自侦权模式所造成的逻辑错位，又避免了将侦办职务犯罪强行解释为法律监督的尴尬②，同时也为检察机关相对较弱的民事行政检察监督、审判监督、执行监督等对事监督提供了广阔的发力空间③。可以看出，监察体制改革改变了检察监督的行权方式，但是并没有对检察机关"法律监督机关"的定位有所冲击，反而激发了检察机关充分发挥法律监督

① 从国家机关行为和国家工作人员的二分法来看，存在三种对法律监督权进行界定的方式：第一种是行为监督，将法律监督对象限定在部分国家机关行为；第二种是人员监督，将法律监督对象界定为对国家工作人员的监督；第三种是混合监督，将法律监督对象界定为包括部分国家机关行为和国家工作人员行为。从我国宪法关于检察机关的宪法定位和职权体系构造来看，基本采用了第三种方式，即作为专门法律监督机关的检察机关既要对部分国家机关的行为进行监督，也要对与之相关的国家工作人员的行为进行人员监督。而在实践中，检察机关虽然名义上采用混合监督模式，但是其内部分工却是将行为监督和人员监督分由不同的国家机关进行，并非由同一机构在同一监督活动中同时作出两种监督行为。参见袁博：《监察制度改革背景下检察机关的未来面向》，《法学》，2017年第8期。

② 对检察机关行使"自侦权"是否属于法律监督存在争议，有学者认为按照法律监督"一元论"的观点，检察机关行使的所有职权都属于法律监督，那么我国公安机关依据刑法对违法犯罪行为的发现、证明、检举即侦查、追诉和监督一切公民、单位必须在遵守刑律的轨道上行动为何不是法律监督？西方国家检察官或检察机关发现、证明和检举违法犯罪行为、提交法庭裁判的活动是否亦属于法律监督？因此，将我国检察机关的权力内容强行定性为法律监督，而对我国其他机关、其他国家的检察官或检察机关也行使类似职能的定性不做类似解释，这种论证思路和方法是难以令人信服的。参见陈卫东：《我国检察权的反思与重构——以公诉权为核心的分析》，《法学研究》，2002年第2期。

③ 检察机关作为侦查、公诉机关的诉讼职能具体而实在，而作为监督者的职能则较为虚化，法律监督权并没有完全发挥应有作用。参见龙宗智：《中国法语境中的检察官客观义务》，《法学研究》，2009年第4期。

的内在动力。

(二) 司法体制改革对法律监督的 "增益"

党的十八届四中全会开启了新一轮司法体制改革，全会公报中数次提到检察机关和检察工作，多项决策部署均涉及强化检察机关法律监督职能，以便检察机关在全面推进依法治国中发挥更大作用。

1. 强化对司法活动的监督

对刑事、民事、行政诉讼活动进行监督，是宪法、检察院组织法和三大诉讼法赋予检察机关的重要职能，十八届四中全会《关于全面推进依法治国若干重大问题的决定》（以下简称《决定》）对加强诉讼活动监督再次提出明确要求；与此同时，《决定》还作出了 "完善检察机关行使监督权的法律制度" 的决定。笔者认为，这不仅要求要完善检察院组织法、三大诉讼法及其他法律对检察机关法律监督的相关规定，更指明了制定专门的 "人民检察院监督法" 的长远目标，以强化法律监督的 "硬的约束力"。

2. 赋予检察机关提起公益诉讼职能

《决定》提出 "探索建立检察机关提起公益诉讼制度"，随后为期 2 年的试点工作在全国 13 个省、市、自治区陆续开展。其间，试点地检察机关办理了 9000 余件公益诉讼案件，在保护国家利益和社会公共利益方面发挥了不可替代的积极作用。① 因此，检察机关提起公益诉讼的职能先后被民事诉讼法、行政诉讼法和最新修订的检察院组织法纳入其中；并且中央全面深化改革委员会第三次会议决定在最高检设立公益诉讼检察厅，为检察机

---

① 曹建明：《关于〈中华人民共和国行政诉讼法修正案（草案）〉和〈中华人民共和国民事诉讼法修正案（草案）〉的说明——2017 年 6 月 22 日在第十二届全国人民代表大会常务委员会第二十八次会议上》，中国人大网，http://www.npc.gov.cn/npc/xinwen/2017-06/29/content_2024890.htm，2018 年 10 月 29 日访问。

关履行公益诉讼职责提供了组织保障。在短短 3 年内，检察机关提起公益诉讼职能从无到有，正式成为检察权的又一重要权能，为检察机关监督公民和组织遵守法律、监督国家机关正确履职开辟了新的途径。

3. 赋予检察机关监督行政行为职能

宪法从未将检察权限制在刑事或诉讼领域，而长期以来，我国检察实践都没有用好过"一般监督"，因此 1979 年的《人民检察院组织法》取消了检察机关"一般监督"权能。然而，鉴于依法行政和法治政府建设的需要，《决定》提出"检察机关在履行职责中发现行政机关违法行使职权或者不行使职权的行为，应该督促其纠正"。自 1957 年"一般监督"权能挂起备用以来，首次在正式决定中提出要赋予检察机关监督行政行为的权力。《决定》公布以来，检察机关在行政违法行为（包括违法作为和不作为）监督的原则、范围、方式和程序等问题上进行了有益探索，形成了许多实践经验。虽然检察机关行使该项职权在理论和实践上仍然存在较大争议，[①] 但是从长远看来，检察机关行使该项职权符合我国政治体制及检察权在制衡权力、维护公益和司法正义上的功能要求。

4. 强调依法独立行使检察权

独立行使检察权是有效开展法律监督活动的必要条件，这得到了宪法、检察院组织法和刑事诉讼法的确认。但在实践中，地方党政机关通过组织人事、财物供给、居间协调等多种方式影响检察机关独立行权的情况仍较为普遍，导致法律监督的失灵，甚

---

① 2018 年《人民检察院组织法》修订中，有意见认为赋予检察机关该项职能不符合国家监察体制改革的要求；还有意见认为检察机关行使该项职能实践还不够，且尚未形成共识，建议暂不作规定。所以，此次修订没有将该项职能纳入《人民检察院组织法》中。

至冤假错案的发生。同时，检察机关内部权力运行机制的行政化对检察官履职的相对独立性造成了影响，从而使独立行使检察权在检察机关内部产生异化，影响独立行使检察权所追求的中立和公正的最终目的。因此，《决定》要求通过司法责任制改革、探索设立跨行政区划的检察院、建立健全司法人员履行法定职责保护机制等方式，保障检察权行使不受行政机关、社会团体和个人的干涉，彰显法律监督的应然效果。从《决定》对检察制度四方面的改革要求可以看出，检察机关法律监督职能得到了加强，这就要求检察机关在改革中将改革决定落实到位，巩固其"法律监督机关"的宪法地位，而非从反面去限制甚至去否定。

（三）深化改革和依法治国新时代背景下对法律监督的"呼唤"

法律监督是法治体系不可或缺的重要元素，而且随着社会经济的不断发展，其作用和地位越发显著。对法律监督的理解，不仅要从宪法法律的基本逻辑角度进行思考和展望，更要从国家治理的宏观视角，以及当下全面深化改革和全面依法治国的时代背景进行理解。

1. 法治应是现代国家治理的基本遵循

郑永年教授认为，党对中国社会的治理大体经历了政治治理模式、行政治理模式，并逐渐向法治治理模式转型的过程。① 在改革开放以前，法律没有在国家治理中起到重要作用，主要依靠执政党的威望和凝聚力来治理国家，政治性政策和运动成为国家治理的主要方式。这在新中国成立初期与稳定社会经济和应对较为恶劣的国际环境不无关系，这种治理方式在当时是合适的，但

---

① 郑永年：《中国模式》，杭州：浙江出版联合集团、浙江人民出版社，2010年版。

是这也导致了国家至上、法律虚无、权力集中等问题。党的十一届三中全会确立了"以经济建设为中心"和"加强社会主义法制"的方针，这就需要执政党利用集中统一的行政手段，解决民众在经济、社会上的各种需求。尤其是在法制建设几乎从零开始的情况下，其当务之急是扭转"法律虚无主义"的社会认知错误，修改宪法并重启重要法律的制定、恢复司法权威和实施全民普法，① 而在权力制衡和保障权利方面则有所忽略。

从权力和权利的关系这一角度审视，政治治理模式和行政治理模式都倾向于权力的集中，强调国家和集体本位，视国家和社会为一体，忽视对权利的保障。而从当下我国发展状况来看，个性、私人利益及个人权利在改革开放 40 余年发展中获得了巨大解放，得到了充分肯定和大力弘扬，社会价值观念呈现出多元化特征，市民社会和政治国家之间分立愈发明显，因此政治治理模式和行政治理模式已不再适合现代中国。而法治治理模式强调权力和权利的良性互动，"即通过法律扩大个体权利的广度、限制公共权力的强度，以达到制衡进而实现良性互动的目的"，更能适应市场经济和市民社会的特征。② 正因如此，党的十五大正式将"依法治国，建设社会主义法治国家"确立为基本国策；2004年又将"尊重和保障人权"写入宪法。自 2013 年以来，我国开始十分重视国家治理体系和能力的现代化进程，尤其是法治化进程。党的十八届三中全会《决定》提出了全面深化改革的目标，即"完善和发展中国特色社会主义制度，推进国家治理和治理能力的现代化"；党的十八届四中全会提出了全面推进依法治国的决定，其《决定》明确提出"实现科学立法、严格执法、公正司法、全

---

① 张文显：《中国法治 40 年：历程、轨迹和经验》，《吉林大学社会科学学报》，2018 年第 5 期。

② 刘俊武：《市民社会与现代法的精神》，《法学》，1995 年第 8 期。

民守法，促进国家治理体系和治理能力现代化。"党的十九大报告再次强调了全面依法治国和国家治理现代化之间的关系，提出"建设社会主义法治国家是实现国家治理体系和治理能力现代化的必然要求，也是全面深化改革的必然要求，有利于在法治轨道上推进国家治理体系和治理能力现代化"。这一系列的决策举措，标志着我国治理模式开始从行政治理模式逐步向法治治理模式转型。

2. 法律监督与法治建设是互利共生关系

（1）法律监督推动了我国法治的发展

前文提到，从检察制度的历史变迁来看，检察机关作为国家法律监督机关，当其真正发挥作用时，总是能遏制权力的滥用，从而保障公民权利，维护社会公平正义。也就是说，法律监督在促进我国法治建设上起到了正向作用，是法治完善的必要条件。这并非历史的巧合，而是法律监督的功能使然。党的十八届四中全会提出，"法律的正确实施，是建设法治国家的必要条件，这也是法律的生命和权威所在。法律监督的直接目的，就是充分保障法律的正确实施，维护国家法制统一、尊严和权威"。检察机关作为宪法规定的国家法律监督机关，在保障我国法治发展上具有举足轻重的作用，检察权的行使与否、作用大小，都能够折射出我国的法治状况和发展图景。因此在一定程度上，法律监督开展情况这一"指标"可以作为我国法治建设的"晴雨表"。需要说明的是，法律监督中的"法律"并不限于某种部门法或某一法律程序，而是国家制定的所有法律规定和法治的基本原则，只有这样理解法律监督，才能体现其对于良法善治的促进作用，也才能真正从整体推进法治的完善。当然，我们不认为检察机关或法律监督在促进法治发展上的唯一性，检察机关也不统揽法律监督权，但是从宪法层面来讲，其专门强调检察机关是国家法律监督机关，就相当于明确检察机关在法律监督上的重要性、权威性和不可替代性，法律监督应当是检察机关的主责主业，甚至专责专业。

（2）法治发展促进法律监督的完善

法律监督与法治发展的关系作用并非是单向的，二者之间系互利共生的关系。法治的浪潮已不可阻挡，经济的发展和社会的变革迫切要求检察机关充分行使法律监督职能。

法制是规则之治，而法治则是良法之治。在法治治理模式下，规则不仅仅要求法律规范的存在，而且要求法律规范在价值和功能层面的优良，以及法律体系内部的协调和圆洽。检察机关维护法制统一的使命正与良法之治这一目标契合。因此，检察机关需要拓宽法律监督的范围，将其触角延展到行政机关具体行政行为合法性的监督上，乃至部分抽象行政行为（如行政立法、行政指导等）领域，这应当是非常合理且是十分必要的。

法治的目的在于保障公民的私权利，这是宪法尊重和保障人权的必然要求，而保障私权利的关键，又在于限制公权力的不合理扩张和滥用。在对公权力的约束上，我国独特的人民代表大会制度权力架构赋予了检察权独立的地位，可以相对超脱地对其他权力实施监督，这是检察机关有效开展法律监督职能的先天优势。但是，要发挥法律监督的作用来约束其他权力，也需要满足两个条件：一是检察权的一体性，二是监督手段的刚性。然而，我们的法律监督在这两个方面均存在一定问题，需要在今后更进一步地探索和改革。

第三章 检察机关侦查监督机制改革的新思路

一、侦查监督机制的历史沿革

（一）侦查监督权能的发展轨迹

新中国成立之后，虽然建立了检察机关，但是并没有赋予其侦查监督权，直到1954年通过的《宪法》，才明确地将批准逮捕权划归检察机关。另外，1954年出台的《人民检察院组织法》第4条第3款首次规定：地方各级人民检察院"对于侦查机关对侦查活动是否合法，实行监督"，从而明确了检察机关的侦查活动监督的权能。1978年2月，党的十一届二中全会召开，拉开了新时期检察机关回顾重建的历史序幕。全会一致通过了《中华人民共和国宪法修改草案》（以下简称《草案》）和《关于修改宪法的报告》，并决定将《草案》和《宪法修改报告》提请第五届全国人大一次会议审议。1978年3月，第五届全国人大一次会议通过《宪法》，规定重新设置人民检察院。1979年颁布的《刑事诉讼法》第39条规定："逮捕人犯，必须经过人民检察院批准或者人民法院决定，由公安机关执行。"这就明确恢复了检察机关的批准逮捕权。除了批准逮捕权的恢复，1979年《刑事诉讼法》第52条的规定还明确了检察机关有权对公安机关侦查活动中存在的违法情形进行监督，并有责任通知公安机关予以纠正。

另根据 1979 年修改的《人民检察院组织法》第 5 条第 3 款规定，地方各级人民检察院"对于公安机关的侦查活动是否合法，实行监督"。由此可见，检察机关此时已获得法律授权，就公安机关的侦查活动进行监督，这也意味着检察机关的侦查监督权能在 1979 年恢复运行。1982 年，全国人大通过的《中华人民共和国宪法修正案》中明确了人民检察院是国家的法律监督机关，即检察机关享有国家的法律监督权能，这其中就涵盖了批准逮捕权和侦查活动监督权。至 1996 年修订的《刑事诉讼法》出台，进一步授予了检察机关刑事立案监督权，这使得检察机关法律监督权能的内容更加丰富和全面。2000 年 9 月和 2005 年 5 月，全国检察机关分别召开了两次侦查监督工作会议①，将检察机关所享有的批准逮捕权、刑事立案权和侦查活动监督权统一整合到了侦查监督权能之下，由侦查监督部门统一行使。

（二）侦查监督机构的反复调整

伴随着检察机关权限的调整变化，检察机关内设机构的改革也从未停止过。新中国成立初期，最高人民检察署根据中央人民政府颁布的检察组织条例的要求组建了三个处，由第二处负责刑事案件的批捕和起诉工作，这也是最早"捕诉合一"模式的缘起。1955 年，最高人民检察院将原先负责刑事案件批捕与公诉工作的第二处分设为侦查监督厅和审查监督厅，并将侦查监督权与公诉权分别授予两个部门分别行使，这也是最早开启的"捕诉

---

① 全国检察机关第一次侦查监督工作会议上对侦查监督工作做出了"三项职责、八大任务"的定位，明确了以审查逮捕、刑事立案监督、侦查活动监督三大职能为主要内容的侦查监督工作格局。全国检察机关第二次侦查监督工作会议又进一步确立了以审查逮捕为主体、立案监督和侦查监督平衡发展的工作格局。

分离"模式。① 至 1962 年 7 月，在经历国内反右斗争及"大跃进"运动的冲击后，最高人民检察院重新整合内设机构，分别设立了三个业务厅，由其中一个厅同时负责批准逮捕和公诉职能，这又回到了"捕诉合一"模式。到 1997 年，检察机关均由刑事检察部门统一履行审查逮捕和审查起诉职能，又再次回到了"捕诉合一"模式。1999 年，为了适应新形势的发展需要，全面履行法律监督职能，最高人民检察院基于第二次刑事检察会议提出的为加强内部监督制约，分设批捕和起诉两个部门的改革要求，率先将刑事检察厅分为审查批捕厅和审查起诉厅，由审查批捕部门独立承担对刑事案件的审查批捕和立案监督职能。2000 年，最高人民检察院将审查批捕厅更名为侦查监督厅，全国各级检察院也对本院相应的内设部门做出了更名。

（三）侦查监督机制的演变趋势

纵观我国检察机关侦查监督权能和机构的发展历程，可以发现有以下两项趋势：其一，就检察机关侦查监督权能而言，虽然我国在 1954 年的《宪法》和《人民检察院组织法》中就明确了检察机关享有批准逮捕权和侦查活动监督权，但长期以来，并未设立专门的侦查监督部门来行使上述两项权力；直到 1999 年全国检察机关开始内设机构改革，才形成了侦查监督部门的雏形，继而在 2000 年确定由人民检察院的侦查监督部门来统一行使由批准逮捕权、刑事立案监督权和侦查活动监督权组成的侦查监督权能。这一方面明确了侦查监督权的行使主体，另一方面也明晰了侦查监督权的范围。其二，在检察机关的内设机构方面，检察机关内部的"捕、诉"两大部门经历四次调整，总体呈现为以下

---

① 祁彪：《前世今生："捕诉"衔接机制那些年》，民主与法制网，http://www. mzyfz. com/cms/benwangzhuanfang/xinwenzhongxin/zuixinbaodao/html/1040/ 2018-09-28/content-1363321. html，2018 年 10 月 8 日访问。

轨迹："捕诉合一——捕诉分离—捕诉合一——捕诉分离"。特别是在1978 年以来这四十年间，初期阶段主要由刑事检察部门统一行使侦查监督权，尔后国家基于内部监督制约的考虑，对检察机关的内设机构进行调整，将检察权限进行了分解，由不同部门承袭，其中由侦查监督部门专门行使侦查监督权，这也就形成了当前检察机关"捕诉分立"的格局。

二、侦查监督机制改革的两种主要"路径"

（一）侦查监督机制改革方案的理论之争

检察机构所属权能的性质虽然长期以来都存在争议，但是自21 世纪以来，检察机关的权力架构均处于较为稳定的状态。其中，侦查监督部门与公诉部门分别享有不同的权限，两个部门长期以"捕诉分离"的模式分别开展各自业务，侦查监督部门独立于公诉部门行使包括批准逮捕权、刑事立案监督权和侦查活动监督权在内的侦查监督权能。不过当前的运行模式并未得到实务界和学术界的一致认可，针对侦查监督机制改革的呼声经久不衰，其中主流改革意见主要存在两种：第一种观点是主张保持现有的"捕诉分离"架构。[①] 因为该模式已经运行了将近二十年，总体状况良好，且检察机关各部门工作人员对于自身负责的业务也较为熟悉，骤然改变现状可能给全国检察业务的正常运转带来较大冲击。此外，侦监与公诉部门分权还有助于检察机关内部进行制约监督，避免因为同一部门权限过大，从而滋生权力滥用和腐败问题。而第二种观点则是提出将侦查监督部门的侦查监督权与公诉部门的权能进行整体合并，从而实现"捕诉合一"[②]，这主要

---

① 龙宗智：《检察机关内部机构及功能设置研究》，《法学家》，2018 年第 1 期。
② 许永俊、王宏伟：《捕诉合一办案机制研究》，《国家检察官学院学报》，2001年第 1 期。

是基于大幅提升业务办理效率的考量。以上两种改革思路是当下最为流行的观点，二者皆各有利弊，因此，检察机关未来采用何种模式运行，在实务界和学术界长期以来存在极大争议。

（二）两种改革模式的利弊分析

在司法实践中，"捕诉合一"和"捕诉分离"模式一直是我国检察机关变化的主旋律，自新中国成立以来，检察机关的捕诉关系总体呈现为以下轨迹："捕诉合———捕诉分离—捕诉合———捕诉分离"。作为当前主流的改革模式，两者皆具有较为明显优劣势，同时这种优缺点之间也呈现出互补的特点，因此才造成了实务界和理论界间关于何去何从的激烈争论。

1. 两种改革模式的长处

（1）"捕诉合一"模式的优势

实际上，在"捕诉分离"模式普遍采用之前，"捕诉合一"模式就已经存在，但不同时期检察机关采用"捕诉合一"模式的动因却大不相同。早期检察机关采用"捕诉合一"模式更多是为了维护权力的统一性，当然也有权力运转高效性的考虑，毕竟将"横向性权力"[①] 统归同一部门实行一体化运行可以有利于确保各项权力之间无缝衔接，减少跨部门之间的掣肘。

当前主张采取"捕诉合一"模式的支持者除了强调此种机制的高效性特点，更多的是基于"以审判为中心"的诉讼制度改革的需要。有学者就指出，我国的刑事诉讼程序长期以来都表现为"以侦查为中心"的运行模式，其主要表现为"侦查机关对嫌疑人人身自由的处置、对涉案财物的强制处分以及对追诉证据的封闭式采集，对法院的裁判产生实质性的影响"。[②] 侦查机关作为

---

① 检察机关侦监和公诉等部门基本采取以案件类型为标准的方式确定部门权限。

② 陈瑞华：《论侦查中心主义》，《政法论坛》，2017 年第 2 期。

侦查阶段的主导力量，拥有采取部分未决羁押措施、扣押处置涉案财产、使用部分特殊侦查手段的决定权，同时由于上述权力直接关系着侦查机关的证据收集工作，因此这种不受其他机关监督的封闭式证据采集模式往往会左右法院最终审判的结果，从而架空了法院的审查裁判权。[①] 因此，如果要改变当前这种"以侦查为中心"的诉讼架构，并逐渐向"以审判为中心"的诉讼模式转型，就必须对侦查机关的侦查取证权予以必要的限制和引导，这需要由熟悉法庭裁判证据标准的人积极参与到侦查活动中，在对侦查活动中的违法行为进行监督制约的同时，引导刑事侦查业务机构通过合法的程序搜集丰富有力的证据，以达到证明犯罪事实的目的。

"捕诉合一"改革的重要目的之一就是通过公诉部门与侦查监督部门的整合，进而由行使公诉权的检察官提前介入侦查阶段，以指导侦查活动。这种检察引导侦查的机制有利于强化检察机关对侦查活动的引导工作，其作用主要体现在两个方面：其一是加强对侦查活动的监督。刑事诉讼程序长期形成的以侦查为中心的诉讼构造所带来的最大的流弊即是封闭式的证据采集模式，侦查机关享有较大的侦查权，而检察机关却无权像多数"大陆法系国家"[②] 一样提前介入并指导侦查活动，仅仅只能通过批准逮捕权等少数途径来制衡侦查权。即便侦查机关在侦查活动中存在任何违法行为，检察机关也多是通过事后纠错的方式进行干预[③]，而且我国当前实行的案卷笔录书面移送办案模式，检察机

---

① 陈瑞华：《论侦查中心主义》，《政法论坛》，2017 年第 2 期。

② 大陆法系国家包括法国、德国、日本在内的几个重要国家，均实行侦查一体化体制，由检察机关或者检察官享有指挥侦查权。参见邓思清：《检察权研究》，北京：北京大学出版社，2007 年版。

③ 卞建林：《深化刑事司法改革的理论与实践》，北京：中国人民公安大学出版社，2010 年版。

关办案人员对多数案件的了解基本是来自证据卷宗，其对案件的印象极易被卷宗所桎梏，从而做出相应的判断。显然，这种办案模式如果在缺少外监监督的情况极易出现不公正的结果。侦查机关在没有外界约束的状况下，有可能为了追求工作上的成绩，擅自篡改、伪造证据，如果检察和审判人员仅仅采用书面审查的方式，很难发现其中存在的问题。因此，鉴于侦查机关侦查取证权力的强大，检察机关提前介入侦查阶段并引导侦查活动就十分必要，它可以有效监督重大刑事案件侦查取证活动的合法性，保障犯罪嫌疑人的合法权益不受侵犯。其二是促进不同诉讼阶段证明标准的统一性。侦查机关移交检察机关批捕的证明标准是"有证据证明有犯罪事实"，而检察机关移送起诉的时候，证明标准就已经有了更高的要求，即"犯罪事实清楚，证据确实充分"。这种与法庭审查裁判标准相衔接的证明标准体系，却在审查批捕阶段出现了巨大的断层：由于检察机关在实际办案过程中强调"检察一体化"，即检察机关内部各部门之间要注重统一协调性，特别是侦监和公诉这两个主要业务部门之间的衔接，如果侦监部门仅仅以"有证据证明有犯罪事实"的标准来决定是否做出批捕决定，很有可能会导致很多案件在移送到公诉部门之后无法顺利起诉，因为公诉的证明标准已经骤然提升至"犯罪事实清楚，证据确实充分"。基于此种原因，侦查监督部门在审查批捕案件的过程中往往人为将证明标准拔高，不再以"有证据证明有犯罪事实"作为批准逮捕的依据，转而要求侦查机关移送的证据材料要形成较为完整的证据链，同时这些证据能够证明犯罪事实存在且系犯罪嫌疑人所为。虽然侦监部门所采用的修正后的证明标准尚没有达到起诉证明标准的要求，但是显然仍高于批捕阶段的法定刑事证明标准。前后两项证明标准差距悬殊造成了侦监部门在办案过程中常常面临以下尴尬局面：一方面，部分地方检察机关的侦监部门试图以起诉的证明标准来办理审查批捕案件，因为一旦批捕的案件无法顺利起诉，实际将会影响到检察机关的整体工作成效。另一方面，侦查机关由于自身的局限性，往往无法在初期侦查阶段搜集到足够的证据以达到起诉的证明标准。侦监部门虽然可以提前介入侦查活动，但是由于该部门所属的部分检察官和检察官助理没有在公诉部门的工作经验，并不熟悉公诉部门起诉的证明标准，无法在提前介入侦查阶段给予侦查机关实质性的帮助，也无法在批捕环节准确按照起诉的证明标准对侦查机关移送的证据材料进行准确审查。虽然侦监部门采用修正证明标准的做法并不符合《刑事诉讼法》的规定，但在司法实践中也是一种无奈之举。如果采用"捕诉合一"模式，检察机关在办案过程中存在的上述尴尬问题就能得到迎刃而解，由担负起诉职能且对起诉标准熟悉的检察官直接参与和监督刑事案件的侦查活动，可以通过提前介入来强化侦查机关的证据搜集能力，引导并帮助侦查机关建立完整的证据链以证明犯罪事实。这既有利于检察官在起诉前做好充分的准备，以应对庭审实质化改革的趋势，真正实现集中审理，做到《人民法院第四个五年改革纲要》提出的"四个在法庭"①的要求；同时也有助于侦查机关搜集的证据在检察官的介入下达到确实、充分的程度，从而更为连贯地推进法庭审判工作的开展，避免司法资源的浪费。

显然，检察机关实行"捕诉合一"模式对于"以审判为中心"的司法体制改革是有积极助推作用的。一方面，可以通过承担公诉职能的检察官提前介入侦查活动，从而对侦查的合法性进行监督，减少违法侦查情况的发生，保障犯罪嫌疑人的合法权益。另一方面，可以通过证明标准的统一，减少批捕与公诉环节脱节的尴尬状况。检察官在引导侦查活动期间，始终要以起诉的

---

① "四个在法庭"的要求具体是指"诉讼证据质证在法庭、案件事实查明在法庭、诉辩意见发表在法庭、裁判理由形成在法庭"。

标准来要求公安机关进行侦查活动，这样才可以更好地指导公安机关进行侦查取证工作，有效地推进人民法院集中审理工作，更准确地查清案件事实真相。

（2）"捕诉分离"模式的价值

事实上，由于"捕诉分离"和"捕诉合一"两种模式是对立的一组概念，因此两者之间的优缺点是存在互补性的，"捕诉分离"模式最大的优点实际上是克服了"捕诉合一"模式的最大缺陷——检察院内部监督力量的削弱。侦查监督部门和公诉部门作为两个在刑事诉讼程序中拥有独立权限的部门，犹如程序的两道"防火墙"，相互之间可以就对方在不同阶段所做的工作进行制约和监督，避免因为权力过于集中，使得检察官因为某种利益驱使而滥用其手中不受限的权力，造成对案件当事人或者犯罪嫌疑人的权益损害的结果发生。

2. 两种改革模式的短板

（1）"捕诉合一"模式的弊端

虽然"捕诉合一"模式存在诸多积极意义，但是其弊端也十分明显。首先，"捕诉合一"模式会削弱检察机关内部监督的效果。检察机关是由《宪法》确立的法律监督机关，以其为中心建立的法律监督制约体系中包含外部监督和内部监督。由于检察机关行使其法律监督权更多的是发挥外部监督作用，其内部监督效用往往被人所忽略，但实际上，检察机关内部监督也是其法律监督体系中不可或缺的一部分，这主要是考虑到"谁来监督监督者"的问题。为了实现对监督者自身的监督制约，就有必要在检察机关内部建构一种内部监督制约体系，包括纵向制约监督和横向制约监督。① 其中，横向制约机制即是检察机关内部部门之间制约模式，这种制约模式除了以查处违法违纪人员为中心的制约模式，还包括以职能为中心的制约模式。在后一种制约模式中就包括审查逮捕与审查起诉的制约机制，这种捕、诉部门之间的相互监督制约机制是检察机关内部最为重要的权力制衡手段，它有效地避免了侦监部门和公诉部门因为享有的权利过大而出现滥用的情况。

尽管审查逮捕和审查起诉属于刑事诉讼程序中的不同环节，但在检察制度设计中却巧妙地使两个部门之间形成权力牵制，避免任何部门拥有不受限的权力。一方面，公诉部门可以在受理案件后，对公安机关在案件侦查过程中收集的证据和认定的事实进行审查，而这些侦查成果已经在之前的审查逮捕程序中由检察机关的侦监部门做出过初步审查判断。可以说，公诉部门对案件审查起诉的环节是对审查逮捕阶段工作成果的检验，这无疑会对侦查监督工作产生倒逼作用，督促检察官在审查逮捕阶段更为审慎地办理案件，为后续环节顺利提起诉讼做好铺垫。另一方面，公诉部门做出的绝对不起诉案件和建议侦查机关撤销的案件，侦监部门可以向上级业务部门呈报，由上级业务部门或上级检察院委员会讨论决定，这体现了侦监部门对公诉部门所做出决定的监督制约作用。②

如果实行"捕诉合一"模式，那么检察机关内部的"捕诉"监督制约机制将不复存在，这意味着在出现检察官滥用批准逮捕权、公诉权的情况时少了一股重要的监督制衡力量。长此以往，检察官在审查逮捕和审查起诉的过程中更多考虑到的将是如何使

---

① 检察权的内部监督制约机制主要有两个方面：一是来自检察机关上下级之间的监督制约；二是检察机关内部不同部门之间的监督制约。参见刘永平、赵信会：《检察权监督制约机制研究》，北京：中国检察出版社，2015年版。

② 朱孝清、张智辉：《检察学》，北京：中国检察出版社，2014年版。

捕诉环节更好地衔接，最终顺利起诉并获得成果产出，而逐渐忽略对公平正义价值的追求。

其次，"捕诉合一"模式会对审查逮捕程序的独立价值产生否定的效果。检察机关在审查逮捕程序中享有批准逮捕权，对于该项权力的归属，学界素有争议，主流观点有"否定说"[①] "肯定说"[②] 和"折中说"[③]三种：否定说认为检察机关的批准逮捕权应交由中立的司法机构行使。主张这种观点的学者认为，在我国诉讼活动中，应当建立司法审查机制，取消检察机关的批准逮捕权，转而交由中立的法院来行使。主要理由是：其一，法院在诉讼中具有最高的权威性作用和决定性影响；其二，承担控诉职能的检察机关享有批捕权，会打破控辩双方平等的诉讼结构；其三，法院具有的中立地位能够保证其严格执行逮捕条件，充分听取辩方的意见，从而不偏不倚地做出批捕决定，从而更好地保障犯罪嫌疑人的合法权利；其四，大多数的西方国家都是由法官来行使批准逮捕权，部分原先交由检察机关行使批准逮捕权的国家和地区经过改革也取消了检察官的批准逮捕权，转由中立的法官

---

① 支持否定说观点的著作有：陈卫东：《刑事诉讼法实施问题对策研究》，北京：中国方正出版社，2002年版；郝银钟：《论批捕权的优化配置》，《法学》，1998年第6期；郝银钟：《批捕权的法理与法理化的批捕权》，《法学》2000年第1期；孙长永：《检察机关批捕权问题管见》，《国家检察官学院学报》2009年第17卷第2期。龙宗智：《强制侦查司法审查制度的完善》，《中国法学》，2011年第6期。

② 支持肯定说观点的著作有：张智辉：《也谈批捕权的法理》，《法学》，2000年第5期；韩成军：《侦查监督权配置的现状与改革构想》，《法学论坛》，2011年第4期；刘立宪、张智辉主编：《司法改革热点问题》，北京：中国人民公安大学出版社，2000年版；邓思清：《检察权研究》，北京：北京大学出版社，2007年版。

③ 支持折中说观点的著作有：孙谦：《中国的检察改革》，《法学研究》，2003年第6期；张建伟：《论检察机关批捕权的完善》，《人民检察》，2004年第7期；孙长永：《检察机关批捕权问题管见》，《国家检察官学院学报》，2009年第17卷第2期；龙宗智：《强制侦查司法审查制度的完善》，《中国法学》，2011年第6期。

来行使，如俄罗斯①。② 相对而言，肯定说坚持认为检察机关应继续享有批准逮捕权。因为在目前中国这种司法体制和诉讼制度框架下，检察机关享有批准逮捕权具有现实基础。主要理由如下：其一，检察机关的批捕权来源于我国《宪法》的授权，检察机关本身也是《宪法》规定行使检察权的司法机关之一，另外我国检察官在从事司法工作中有客观中立义务的要求，所以由其来行使批准逮捕权符合国际通行的由中立司法机关行使批准逮捕权的做法；其二，我国法院系统没有设立类似于西方国家的"治安法院"和"治安法官"，如果将批准逮捕权交由法院行使，难免使主审法官形成"先入为主"的印象，进而影响裁判的公正性；其三，法院行使批准逮捕权会使被追诉者丧失进一步寻求司法救济的机会；其四，检察机关行使批准逮捕权是其履行法律监督的重要手段，有利于防止侦查机关滥用权力，保护被追诉者的合法权利，也符合国家对公、检、法三机关提出的"分工负责、相互配合、相互制约"的要求；其五，由于批准逮捕权长期以来都是由检察机关行使，检察机关工作人员对审查逮捕的相关标准和流程十分熟悉，因此由检察官继续行使该项权力，有助于保障该项权力运行的稳定性。折中说的观点类似于肯定说，其主张由检察机关继续行使批准逮捕权，但是该观点认为应对检察机关中行使

---

① 1992 年，俄罗斯历史上首次允许法院对逮捕犯罪嫌疑人以及刑事诉讼中对被告诉前羁押的合法性和理由进行司法复审。至 1995 年，俄罗斯立法机构在法典中新增了诸多关于法院对羁押措施实施司法审查的内容，不过范围依然十分有限，法官一般只能进行事后司法审查。根据规定，羁押等措施的决定权及对羁押期限的延长权仍由检察长行使，只是在被羁押人对检察长做出的羁押决定的合法性及延长羁押期限的合法性问题提出申诉时，才交由法官审查。由于 1995 年规定的局限性，2001 年 11 月俄罗斯颁布了新的《俄罗斯联邦刑事诉讼法》，该部法典规定由法官行使事前审查权，在审前程序中对犯罪嫌疑人采取羁押等强制措施都必须由检察长报请法官批准后才能实施。参见邱飞：《侦查程序中的司法审查机制研究》，南京师范大学 2007 年博士学位论文。

② 邓思清：《检察权研究》，北京：北京大学出版社，2007 年版。

批准逮捕权的部门进行改造，使其具有更强的中立性；同时应赋予被逮捕人更为丰富有效的救济权利，让其可以在检察机关做出错误的批捕决定后，向中立的审判机关申请予以撤销。

要明确批准逮捕权的归属问题，关键还是在于厘清批准逮捕权的性质。笔者同意孙长永教授的观点，即批准逮捕权虽然是检察机关实现法律监督的重要手段，但这只是其附属作用之一，其最主要的作用是通过裁定在侦查阶段对犯罪嫌疑人的人身自由实施临时性限制处分的一项权力，应当属于程序性裁判权。[①] 由于批准逮捕权行使的结果可能会导致犯罪嫌疑人的人身自由在一定期间内被剥夺，其行使务必要十分审慎，因此国际通行的做法都是交由中立的司法官员行使。《欧洲人权公约》第 5 条第 3 款就明确规定："被逮捕或拘禁的任何人，应立即送交法官或其他经法律授权行使司法权力的官员，并应当在合理的时间内受审或在审判前释放。"针对该项规定，有一种解释即是主张检察官也应当属于"其他经法律授权行使司法权力的官员"。这种观点在我国当前的司法制度下并非不能成立，但是需要注意的是，享有司法权力的官员不能仅从狭义的角度进行理解，而应当从其所应当具有的特征进行阐释。例如，欧洲人权法院在 1998 年判决的 Assenov and others v. Bulgaria 一案中，就明确指出一个官员要被认为"其他经法律授权行使司法权力的官员"，其必须满足能够担保被拘留人不被专横地、无根据地剥夺自由的某些条件，其中第一项条件就是："他必须独立于行政机关和当事人，如果在决定羁押时有情况表明该官员可能随后代表控方参加刑事诉讼，则其独立性和中立性就是有疑问的。"[②] 由此可见，无论是法官

---

① 孙长永：《检察机关批捕权问题管见》，《国家检察官学院学报》，2009 年第 17 卷第 2 期。

② 同注释①。

还是法律授权行使司法权力的官员，只有具备独立性和中立性才能享有批准逮捕权。而这种独立性和中立性就着重体现在该官员是否同时身兼两种角色，如果其既要保持客观中立的角色，又要承担追诉的职能，则存在"双重危险"①，很难保持独立性和中立性。一方面，检察官作为控方，可能仅仅从控诉的角度考虑，而无法客观全面地评价案件和采取行动；另一方面，检察官作为代表国家利益的追诉方，责任与热情可能使其竭尽所能地打击和控诉犯罪，压制对方当事人的活动，突破法律对检控活动的约束。

之所以出现"双重危险"的现象，主要还是由于在两大法系的法律传统中，对检察官的定位差异较大，普通法系视检察官为刑事诉讼的一方当事人，而大陆法系将检察官描述为超然的"法律卫士"。② 这种超然"法律卫士"的角色要求大陆法系的检察官负有"客观性"义务，"既要收集有罪证据又要收集无罪证据，并且以一种中立的方式向法庭展示案件"。③ 但在欧洲大陆，这种超然"法律卫士"的定位却掩饰不了难以令人乐观的现实。"检察官最初确实以一种客观的方式评估证据，因为为了避免自讨没趣，他不想提起一个在法庭上无法获得支持的指控。检察官会在提起一项指控前，审慎地评估获得定罪的可能性。但是他一旦做了起诉决定，检察官就扮演了指控者的角色，进而试图说服法官给被告定罪，而不会以一种超然的方式中立地出示证据。"④

由于检察官"公正当事人"的矛盾身份会造成以下困境：一

---

① 龙宗智：《检察官客观义务的基本矛盾及其应对》，《四川大学学报（哲学社会科学版）》，2014 年第 4 期。

② ［美］艾瑞克·卢拉、［英］玛丽安·L. 韦德：《跨国视角下的检察官》，杨先德译，北京：法律出版社，2016 年版。

③ 同注释②。

④ 同注释②。

方面，使检察官产生矛盾心理。检察官不仅要积极热忱地履行打击追诉犯罪的职能，还要公平冷静地履行客观义务，以维护犯罪嫌疑人的权益。这种在双重角色之间反复漂移的工作常会使检察官在心理上产生难以化解的矛盾，大大削弱了检察官工作的效能。另一方面，使检察官在办案过程中难以做到公正准确。由于个案的情况不同，尤其是在审查批捕环节，检察官如果提前介入侦查，很可能对案件做出预判，这样就会对犯罪嫌疑人采取差别性对待，对于嫌疑较大的对象可能会在提讯的时候采取诱供在内的多种非法讯问方式套取其口供，以形成能够将嫌疑人定罪的完整证据链，而针对嫌疑较小的对象则可能只是象征性地讯问一下。在双重身份左右下，检察官行使自由裁量权时常常无法遵循公平一致的标准。

根据上述分析可知，检察官因为承担控诉犯罪的职能，而无法保证其中立性。在这种情况下，如果将批准逮捕权赋予检察官，则会陷入一种"双重危险"的境地。随着"捕诉合一"模式改革的推进，这种"危险"会进一步放大，因为检察官会更多地在侦查阶段提前介入案件，对侦查活动提供指导性意见，这会使得检察官对案件形成预断，从而很难保证在审查逮捕的过程中坚守客观义务，并保持中立地位。此外，检察官一旦参与案件侦查阶段的证据搜集等工作，则很可能会与侦查机关形成利益共同体，基于追求工作成绩的利益驱动，检察官在很大程度上会产生一种执着于打击、控诉犯罪的强烈欲望，这也会动摇其独立性和中立性。因此，实行"捕诉一体"模式必然会对审查逮捕程序的独立价值造成不小的冲击。

（2）"捕诉分离"模式的缺陷

"捕诉分离"模式不利于提高办案效率，而且可能浪费司法资源。"捕诉分离"模式最直接的特征是将刑事诉讼程序中的审捕和公诉两个环节分离，各自独立从事所负责的业务工作，因此一个案件在初查结束后会移送检察机关侦查监督部门审查并做出是否批捕的决定，而在侦查终结后又会再次移送检察机关公诉部门审查起诉，这样同一起案件会在侦监部门和公诉部门的检察官手中进行两次审查和多次讯问。此外，司法责任制在全国施行之后，只有员额检察官具有办案权限，而基层检察院的员额检察官人数较少，无疑又加剧了"案多人少"的矛盾。面对"案多人少"的压力，重复性的工作会增加检察官的业务负担，降低案件办理的效率，同时延长了犯罪嫌疑人的羁押时间。检察官在"捕诉合一"模式下同时参与案件在本机关的所有审前程序，对基本案情有着充分的了解，这样在接下来的程序中就没有必要花费过多的时间来进行同质化的重复性工作。检察官只需要对产生变化的部分案件事实进行确认，再了解侦查意向书里提到的材料是否补充便可，如此就能够降低退回补充侦查的可能性，强化工作效率，节约司法成本。尽管批捕和起诉两个阶段审查和讯问的目的不同，但是侦监部门和公诉部门的业务在"捕诉合一"模式下是具有可协调性的。

三、检察体制改革应遵循的基本原则

针对检察机关侦查监督机制的改革，无论主张采用何种改革模式，其均是依据一定的价值原则作为导向提出的。例如"捕诉分离"模式就更强调检察权力的制约监督原则，支持该种模式的学者主张检察机关各个部门之间在权力配置上应注重内部监督，避免法律监督机关自身因为个别部门权柄过重，而出现滥用权力的情况。而"捕诉合一"模式则更为注重诉讼经济原则，持该观点的学者认为检察机关的业务量繁重，而当前检察机关负责的侦监和公诉业务工作流程中存在许多可简化的环节，如果将侦监和公诉两部门的业务和权限进行优化合并，则可以化繁为简，大幅度减少重复阅卷、提审、退侦等情况，提升检察工作效率。实际上，因为检察体制改革是一项综合性的系统工程，并不能仅仅将个别原则作为改革的指导性精神，这往往会使改革内容有失偏颇，从而走向某个极端，无法实现各项利益的平衡。笔者认为，检察体制改革过程中应当考虑的基本原则还包括权力制衡原则、程序公正原则、人权保障原则、客观独立原则、诉讼经济原则等。

（一）权力制衡原则

不受监督的权力是通向腐败的捷径[①]，为了监督制约各项权力，国家最高权力机关授权检察机关享有检察权，而检察权最为主要的内容即是法律监督权。根据我国《宪法》和相关法律的规定，检察机关作为国家唯一的法律监督机关，其有权对同样是由立法权所派生的行政权和审判权履行监督职责，通过权力制衡来防止侦查机关和审判机关权力滥用的行为；同时，人民检察院作为法律监督机关，其自身的权力也应当受到监督制约，除了外部制约监督，检察机关各部门之间还形成了一种内部制约监督机制，即在检察机关各部门参与的刑事诉讼不同环节之间形成权力上的制约，避免因为权力过于集中，从而造成滥用的情况。

（二）程序公正原则

党的十八届四中全会《决定》指出，推进严格司法，健全事实认定符合客观真相、办案结果符合实体公正、办案过程符合程序公正的法律制度。程序公正原则要求公安机关、检察机关和审判机关坚守程序法定原则，即三机关在推进刑事诉讼的过程中必须严格遵守刑事诉讼法和其他相关法律的规定。此外，还要求各机关遵守司法监督原则，该项原则要求三机关依靠相互之间权力

---

① 《不受监督的权力则是通向腐败的捷径》，网易新闻，http://news.163.com/17/0112/14/CAJA109K000187VE.html，2018 年 7 月 16 日访问。

制衡的关系，对刑事诉讼程序运行中各机关权力行使的正当性进行监督和制约。未来司法监督原则的发展要求在刑事程序上完善限制人身自由的司法措施和侦查手段的司法监督措施，加强对刑讯逼供和非法取证的源头预防，健全冤假错案有效防范、及时纠正机制。该种新的司法监督原则一方面强调从司法层面对限制人身自由的司法措施和侦查手段进行规范和制约，另一方面要求加强人权司法保障，防范非法取证的情形发生。① 为了达成上述两项目标，有学者就提出有必要建立诉讼程序内的预防性司法监督机制，即在侦查机关决定采取限制人身自由的司法措施和侦查手段时，由司法机关进行同步监督，对不符合或者违反法律规定的情形依法及时予以纠正。② 具体而言，就是建立司法程序内置的程序性质的监督，由中立的司法机关对刑事诉讼程序中涉及限制人身自由和侦查活动措施的关键环节进行审查批准，除了批准逮捕以外，还包括侦查机关采取的搜查、查封、扣押、冻结和技术侦查等措施。只有依法建立并遵守科学的刑事诉讼程序，才能真正从源头防范冤假错案的发生，避免事后监督的不及时性，同时保障犯罪嫌疑人的合法权益。

（三）人权保障原则

人权是人类社会最高形式和最具有普遍性的权利。人权包含着人的权利，是人作为人的权利，是使人成其为人的权利和使人具有尊严的权利等多层含义。③ 人权是人关于公共权力评价的道德标准，在公民和国家的关系中，人权对于人的价值表现为人权制约国家权力，保障政府善待其公民。④ 2004 年，"国家尊重和

---

① 沈德咏：《严格司法与诉讼制度改革——推进以审判为中心的形式诉讼制度改革策论》，北京：法律出版社，2017 年版。
② 同注释①。
③ 张文显：《法理学》，北京：高等教育出版社，1999 年版。
④ 同注释①。

保障人权"正是被列入宪法条文。2012 年"尊重和保障人权"也被写入了刑事诉讼法,这标志着人权保障理念已经成为基本的法制共识。党的十八届三中全会和四中全会均强调了建立对人权的司法保障制度,党的十九大重申通过"深化依法治国实践,坚持厉行法治,推进科学立法、严格执法、公正司法、全民守法"等途径"加强人权法治保障"。① 显然人权司法保障理念已经得到国家的高度重视。

在刑事诉讼领域,人权司法保障的主要对象是犯罪嫌疑人和被告。检察机关作为国家司法机关之一,其履职状况与犯罪嫌疑人和被告的人权保障效果密不可分。人民检察院发挥的人权保障作用主要体现在"监督"上,这既包括外部监督,也包括内部监督。首先,外部监督主要包括两方面内容:一方面是检察机关对其他行政和审判机关权力行使状况的监督。因为任何不受限的权力都有极大的可能被滥用,所以人民检察院作为专门的法律监督机构,其职责之一便是监督保障国家权力的良性运行,避免行政权力和审判权力的滥用侵害国民的基本人权。另一方面,检察机关作为犯罪活动的追诉方,其本身很难保证向犯罪嫌疑人和被告提供公正的人权司法保障,这就需要引入外部监督主体对检察机关的权力进行制约。为犯罪嫌疑人和被告提供有效的辩护即是最可靠的外部监督机制之一,辩护律师提供的专业帮助有利于犯罪嫌疑人和被告充分地维护自身合法利益。其次,人权司法保障也离不开检察机关的内部监督。人民检察院所享有的检察权本身也具有主动性、任意性和膨胀性,不积极侦查很难有效地打击犯罪,保障群众的利益。但肆意行使也可能侵害到案件相关人的权益。由于在检察体制改革工作中必然涉及检察权的重新配置问

---

① 常健:《中国人权事业迈向新阶段》,人民网,http://paper.people.com.cn/rmrbhwb/html/2017-11/25/content_1819276.htm,2018 年 7 月 16 日访问。

题，因此有必要在新的检察运行模式中对检察权进行平衡和制约，使检察权能更科学有效地同时发挥打击犯罪和保障人权的功能。人权保障原则作为检察体制改革的核心价值之一，可以促进检察机关在体制改革中优化和平衡权力配置：一方面依法追究犯罪，维护国家秩序；另一方面又能对国家各项权力的运行进行合法监督，保障社会公益。

（四）客观独立原则

根据我国《宪法》的规定，人民检察院是我国的法律监督机关，除了享有公诉权以外，其还享有诉讼监督权。由此可见，检察官并不仅仅在刑事诉讼程序中承担一方"当事人"的身份，参与追诉犯罪的活动。他们所承担的客观义务①要求其抽离于刑事诉讼程序参与人身份之外，依法监督刑事诉讼程序中的违法行为，对涉及案件当事方利益的审查决定均要以事实为依据，以法律为准绳。同时在证据收集方面，既要搜集证明被告人有罪的证据，又要搜集能够证明被告人无罪或者罪轻的证据。检察机关办理案件的目的不仅仅是打击惩罚犯罪，而且是为了独立探求事实的真相。除此以外，检察官在行使检察权的过程中，除了履行客观义务以外，还应当遵循依法独立原则②。该项原则要求不断增强检察官行使检察权的独立性，即检察官在办案过程中享有独立人格，既不受诉讼当事人意见的支配，也不受公众舆论的控制，更不能成为地方保护主义和各种权力的附庸。我国自 2017 年开始在全国逐渐推行的主诉（办）检察官制度正是检察官依法独立

---

① 检察官客观义务，即检察官超越控诉的立场，客观公正地履行其法律职责的义务和责任。参见龙宗智：《检察官客观义务的基本矛盾及其应对》，《四川大学学报（哲学社会科学版）》，2014 年第 4 期。

② 依法独立，是指司法机关或人员在行使诉讼活动中行使司法权不受任何其他机关、团体和个人的干涉，只服从法律。参见邓思清：《检察权研究》，北京：北京大学出版社，2007 年版。

原则在实践中的重要体现，根据该项改革的内容，主诉（办）检察官在案件处理上享有除应由检察长或检委会拥有的极少部分权力外的所有权力，从而在参与刑事诉讼业务活动中具有一定独立性的制度。该项制度赋予了检察官极大的权力，同时也促进了检察机关的内部独立，使检察官可以在排除外界不必要的干扰下，客观独立地办理案件。

（五）诉讼经济原则

现代社会，效率和公正已经成为诉讼活动的两大价值目标。其中，效率的本质是对经济利益的追求，它要求以最小的投入获得最大的价值。具体到诉讼活动中，效率则要求司法机关以最小的司法成本来获取司法公正。因此，诉讼经济也成为各国司法互动的一项重要原则。所谓诉讼经济原则，是指"以最小的司法资源投入，获取最大的诉讼效益"[①]。在刑事诉讼程序中贯彻诉讼经济原则是指"国家司法机关和诉讼参与人，应当以尽量少的人力、物力和财力来完成刑事诉讼的任务，并实现刑事诉讼的基本价值——司法公正"[②]。之所以要求检察机关在刑事诉讼活动中贯彻诉讼经济原则，主要是因为其具有以下重要作用：其一是诉讼经济原则有利于维护社会稳定。提高检察机关的办案效率，可以减少刑事案件的积压，这样可以避免案件久拖不决所引起的社会矛盾。其二是诉讼经济原则有利于人权司法保障。一方面，检察机关高效打击惩罚犯罪分子，可以维护被害方的权益；另一方面，检察机关通过提高诉讼效率可以避免对无罪或者罪轻的对象采取不适当的强制措施，使犯罪嫌疑人和被告的基本权利得到充分保障。其三是诉讼经济原则有利于提升检察工作效率，降低诉讼活动成本。实践中，每一起案件的办理总是要投入一定的司法

---

① 邓思清：《检察权研究》，北京：北京大学出版社，2007年版。

② 同注释①。

资源，但从总量而言，检察机关所拥有的司法资源是有限的，如果希望通过利用有限的时间、人力、物力等资源完成检察工作任务，就必须强调诉讼经济原则。鉴于诉讼经济原则在检察工作中的重要作用，有必要将其作为核心原则之一指导未来的检察体制改革。

四、探索建立检察机关新的侦查监督模式

（一）侦查监督机制改革模式的争论

面对"捕诉合一"和"捕诉分离"两种改革模式的分歧意见，检察机构改革的前路陷入了前所未有的争论与彷徨。支持前一种改革路径的学者多主张"捕诉合一"模式能够充分契合诉讼经济原则，通过减少重复性的案卷审查和对犯罪嫌疑人的提审工作，可以大幅提升检察机关的业务运行效率，避免司法资源的浪费，同时降低案件的积压率和犯罪嫌疑人的羁押率，切实保障犯罪嫌疑人和被告的基本人权。虽然侦查监督部门与公诉部门合并可能会导致内部横向制约机制的削弱，但是只要保证检察机关和检察官能够始终具有客观独立地位，则能够保障人民检察院在"捕诉合一"模式下实现良好的运行效果。而后一种观点的拥趸者强调"捕诉分离"模式能够使检察机关的法律监督职能发挥得淋漓尽致。只有通过合理的架构保障检察机关内部形成合理的制约机制，方能使其在履行法律监督职能时能够居于客观独立的地位，避免因为利益驱动而有所偏私，而最终行使监督职能的结果也更有权威性。此外，"捕诉分离"模式能够使检察官独立行使其所享有的不同诉讼阶段的权能，避免因为权力过于集中而致使犯罪嫌疑人或被告的权利遭受侵害。尽管"捕诉分离"模式会导致诉讼进程在审查逮捕和审查起诉阶段有所拖延，但这是为追求结果公正性所付出的合理牺牲。

对于上述两种观点及理由，笔者认为均有其合理之处，也在一定程度上体现了检察体制改革的部分基本原则。但是两种改革模式难以调和的矛盾使得它们无法贯彻全部的改革原则，也不能帮助检察机关建立更为完善的捕诉机制。究竟是否存在一种运行模式可以使检察机关的捕诉工作机制更为科学合理，这成了司法工作者和学者长期探讨的焦点问题。事实上，实务界和学术界的改革思路往往因为受到"捕诉合一"和"捕诉分离"两种模式的桎梏，忽略了另辟蹊径的可能性。早在2009年，实务界已经有声音提出了第三种捕诉改革模式——捕诉部分合并分离。[①] 这虽然是一种背离主流观点的改革方案，但笔者认为这种模式的优势却相对比较明显，能够修正"捕诉合一"和"捕诉分离"理论的部分瑕疵。该种观点的主要构想是：首先，强化批捕的中立性，由检委会专职委员行使批捕决定权。即通过引入"令状主义"[②]，将检委会专职委员打造成中立的司法官，由他们行使批准逮捕权，从而使批捕权司法属性得以回归，同时也可以在不同部门之间保持内部监督制约的机制，避免因为权力过于集中造成权力滥用的情况发生。其次，赋予公诉机关部门对报捕案件的审查权。这其实就是采取捕诉部分合一，由公诉部门兼具报捕审查和起诉审查职能，公诉部门在接受了报捕审查职能后，与侦查机关一体成为寻求采取逮捕措施的一方申请人。同时，因为公诉机关在报捕审查阶段就已经完成了案件审查、犯罪嫌疑人提审以及案件审查意见报批等工作，因此在起诉审查阶段可以避免重复流程所造成的司法资源浪费。最后，建立"公诉引导侦查"机制，即公诉

---

① 沈雪中、糜方强、楼丽、赵宝琦：《试论检察机关捕诉机制改革》，《第五届国家高级检察官论坛论文集》。

② 所谓令状主义，是指执行侦查职能的官员在执行逮捕、搜查、扣押、监听等强制侦查行为时，原则上必须有法官或其他中立的官员签发的令状才能进行的原则。参见宋世杰、陈志敏：《论令状主义》，《诉讼法论丛》，2005年第10卷。

部门基于履行法律监督职能和指控犯罪的需要，主动介入侦查机关对部分重大、疑难、复杂案件的侦查活动，引导侦查机关按照法定的程序和方法对案件证据进行全面固定和收集，同时督促侦查机关对案件事实真相进行查证。这主要是考虑到公诉部门作为参与庭审并指控犯罪的一方，其最为了解起诉和定罪的证明标准，因此公诉部门可以依据该证明标准引导侦查机关全面准确地固定和收集证据，这样可以保障诉讼顺利进行，避免在审查批捕和审查起诉阶段因为无法到达证明标准而使诉讼拖延。此外，公诉部门作为检察机关法律监督职能部门之一，其有权对侦查活动的合法性进行监督，避免侦查机关出现滥用权力进行违法侦查的行为，从而保障犯罪嫌疑人和被告的合法权益不受侵害。

（二）侦查监督机制改革模式的抉择

针对当前关于捕诉模式改革的三种观点，笔者认为捕诉部分合并分离模式较为可取，主要是因为该模式可以更好地兼顾平衡各项改革原则，使调整后的捕诉模式更为科学合理。不过，笔者建议在第三种意见的基础上进行了调整，总体建构思路是将原先的侦查监督部门的权能进行剥离，把批准逮捕权能和侦查监督权能分解开。其中，批准逮捕权由检察机关内部新成立的具备更为明显中立性的批捕部门享有并行使，而侦查监督权能则由合并后的侦诉部门①集中行使。

1. 批准逮捕部门的适度司法化

实务界和理论界长期以来对于批准逮捕权是否应由检察机关

---

① "侦诉部门"是笔者对"捕诉合一"改革后，侦查监督和公诉两项职能所属部门的称谓。

行使存在极大的争议。肯定说①认为我国不存在治安法官制度，而检察机关作为国家司法机关的组成部分，其负责履行法律监督职能，同时检察官在案件办理过程中具有客观义务，这与司法审查制度的价值具有一致性，都是以保障犯罪嫌疑人的合法权利为目标，因此没有必要改变当前由检察机关行使批准逮捕权的现状。否定说②认为批准逮捕权由客观中立的审判机关来行使在全世界范围内是改革的大势所趋，由客观中立的审判机关承担审查逮捕工作，可以有效地保护犯罪嫌疑人和被告的合法权益，而由肩负追诉犯罪和法律监督权能的检察机关同时享有批准逮捕权限，则是一种极为危险的权力配置模式，即检察机关同时兼具"运动员"和"裁判员"的双重角色，极易产生权力滥用的情况。折中说③认为检察机关的批准逮捕权来源于《宪法》的授权，如果想打破现有的审查逮捕机制，将批准逮捕权限授予审判机关，则必须修改《宪法》，这显然是一道目前难以逾越的鸿沟。因此有必要在现有框架内进行适度调整，使运行中的审捕模式更为科学合理。

　　比较上述三种观点，笔者认为折中说相对更具有合理性，虽然审判机关是行使审查逮捕权最为理想的主体，但《宪法》对检察机关的授权是改革的实质性障碍。因此，综合考量各种因素，

---

　　①　肯定说的代表著作有：张智辉：《也谈批捕权的法理》，《法学》，2000 年第 5 期；韩成军：《侦查监督权配置的现状与改革构想》，《法学论坛》，2011 年第 4 期；刘立宪、张智辉主编：《司法改革热点问题》，北京：中国人民公安大学出版社，2000 年版；邓思清：《检察权研究》，北京：北京大学出版社，2007 年版。

　　②　否定说的代表著作有：陈卫东：《刑事诉讼法实施问题对策研究》，北京：中国方正出版社，2002 年版；郝银钟：《论批捕权的优化配置》，《法学》，1998 年第 6 期；郝银钟：《批捕权的法理与法理化的批捕权》，《法学》，2000 年第 1 期。

　　③　折中说的代表著作有：孙长永：《检察机关批捕权问题管见》，《国家检察官学院学报》，2009 年第 17 卷第 2 期；龙宗智：《强制侦查司法审查制度的完善》，《中国法学》，2011 年第 6 期。

在现有的审查逮捕框架内适度地调整当是明智之举，而调整的核心目的是增强审查逮捕职能部门的中立性。龙宗智教授在其《审查逮捕程序宜坚持适度司法化原则》一文中就指出调整审捕机制的主要措施是对审查逮捕部门进行"适度司法化"① 改造，采取该措施旨在使检察机关在审查和批捕案件的过程中"符合办案的亲历性、判断性要求，实现检察官的相对独立性，借鉴对审兼听的司法结构和方法，提高办案的公正性"②。可见，"适度司法化"改造正是要把检察机关的审查逮捕职能部门改造成具有"准司法属性"的部门，即类似于审判机关构造的部门，但同时又承认审查逮捕部门具备部分行政属性。要对检察机关审查逮捕职能部门进行改造，有必要通过以下几个方面着手：首先，对审查逮捕部门所享有的侦查监督权进行剥离。无论是保留侦查监督部门，抑或是成立新的审查逮捕部门，负责批准逮捕工作的部门都不能再享有侦查监督权限，因为拥有该项权力即意味着审查逮捕部门可以提前了解到案情和证据，并形成先入为主的形象，这难免会影响到审查逮捕结果的公正性。其次，在审查逮捕部门实现对审兼听模式，充分保护犯罪嫌疑人在审查逮捕程序中享有获得辩护的权利；审查逮捕部门的检察官在受理并审查批捕案件的过程中，应当依法讯问犯罪嫌疑人，并听取其辩护律师的意见，对于重大、疑难、复杂的案件，应当举行听证，现场听取提请批捕方和辩护方的意见。最后，增强审查批捕部门检察官的独立性。在我国司法实践中，由于检察机关具有行政属性，普通审查逮捕案件的最终决定权在副检察长，重大、疑难、复杂案件的最终决定权在检察委员会，检察官对审查逮捕案件的处理意见实际上受

到上级指令的左右，并不具有独立性。而上级领导往往只听取主办检察官的口头汇报，并不亲自审查案件，因此其决定的公正性难以保证。由于检察机关内部的行政固有属性，要使审查逮捕部门整体具有中立性和独立性是比较困难的，而最有效的方法是赋予主办检察官审查批捕案件最终的决定权，这就可以保障亲自审查案件的主办检察官在充分听取双方意见的基础上独立决定是否行使批准逮捕权，而不会受到上级领导的干预。

　　既然要对侦查监督部门的侦查监督权能进行剥离，那么调整后的侦查监督部门也就有名无实了，其仅有批准逮捕权一项权能①，所以新成立的审查逮捕专职部门应当改换何种称谓则是一个技术性问题。针对检察权司法化改革的需要，我国部分地区已经率先试点设立了专门的办案部门场所。例如在上海金山区检察院就成立了"法律监督宣告室"，而徐汇区人民检察院则成立了"检察庭"，其他各区的检察院也分别成立了"听证室"。② 相比较而言，"检察庭"这一称谓更能体现检察权司法化的发展趋势。通过设置具有部分"两造对抗，居中裁判"构造特点的检察庭，使得批准逮捕权在公开、参与、对等的环境下行使，从而保证诉讼公开和诉讼参与，通过参与诉讼主体间的相互制约，以及其他各方的监督，来实现诉讼的民主文明和公平正义。当然，检察庭设置的目的并不是用来取代法庭，检察庭成员也无权对犯罪嫌疑人和被告的实体性权利进行裁判；其功能仅限于对犯罪嫌疑人的

---

　　① 改革后的审查逮捕部门可能还会新增部分针对犯罪嫌疑人其他程序性权利的裁决权，例如将搜查、扣押、冻结、强制检查、拘留等强制侦查措施纳入司法审查的范畴，因为这些侦查措施会直接妨碍公民的住宅权、财产权、隐私权、人身自由权等合法权利。参见龙宗智：《强制侦查司法审查制度的完善》，《中国法学》，2011年第6期；沈德咏：《严格司法与诉讼制度改革：推进以审判为中心的刑事诉讼制度改革策论》，北京：法律出版社，2017年版。

　　② 骆绪刚：《检察权运行司法化研究》，北京：中国法制出版社，2017年版。

程序性权利进行裁决，保障犯罪嫌疑人的程序性权利在被剥夺之前是经过中立的准司法机构依法审查并做出决定的。

2. 侦诉部门介入侦查的适度提前

侦查监督部门的侦查监督权能在剥离之后，仍然需要在检察机关内部寻找适格的主体来行使，公诉部门显然最适合承接这项权力。因为侦查监督权的主要内容是对整个侦查活动阶段中的违法行为进行监督，而从整个诉讼程序的角度来看，案件一旦进入公诉部门接受审查起诉，即意味着该案已经基本侦查终结。审查起诉阶段正是检验侦查成果的终极环节，公诉部门在该阶段要对案件进行全面的审查。显然，公诉部门完全可以替代侦监部门行使侦查监督职权，但不同于以往的是新的侦诉部门有必要与侦查机关形成更为紧密的侦查引导关系。这主要是基于以下几方面原因：首先，引导侦查的工作方式有众多成功的经验。在以往的检察工作中，侦查监督部门就有提前介入重大、疑难、复杂案件侦查活动并就公安机关侦查取证工作给予意见和建议的先例，而这种提前介入侦查活动并提供引导的工作方式也多能取得较为积极的效果。其次，侦查监督最有效的方式是事中监督。侦查监督部门由于当前只对少部分案件实施提前介入指导侦查的措施，因此许多案件中的违法侦查行为都是在批准逮捕环节通过检察官阅卷发现的，尔后由检察官根据违法侦查行为的严重程度，向侦查机关分别发出侦查活动违法通知书或者纠正违法通知书，予以监督。上述侦查监督方式属于事后监督，一方面不能及时有效地制止违法侦查行为，这常会使得犯罪嫌疑人的权益损害扩大化；另一方面也会因书面审查，从而遗漏诸多违法侦查线索。因此，很有必要将新的侦诉部门的侦查监督模式由事后监督转变为事中监督。再次，引导侦查有利于提升侦诉部门工作效率。侦诉部门在提前介入引导侦查工作的同时，对案件事实和证据都比较熟悉，对证据难以达到起诉证明标准的案件可以建议侦查机关撤案；而对于事实清楚、证据充分的案件，在移送到检察机关之前，侦诉部门就已经在参与侦查活动的过程中形成对案件事实的认知和全案证据的组合，这可以大幅减少检察官在后续程序中对案件的审查时间。同时，通过案件移送的分流，也能够实现对案件量的控制。最后，引导侦查有助于侦查机关把握证明标准。公诉部门作为提起刑事追诉的一方，其最熟悉提起公诉和做出有罪裁判的证明标准，一旦侦诉部门能够引导侦查，它就可以将这一证明标准引入到侦查活动中，以更高标准对侦查机关的证据收集、提取、固定以及侦查取证的方向做出指引，从而保证案件质量。

（三）确立新侦查监督模式的积极意义

在对侦查监督部门原有的权限进行重新配置整合后，优化的权力结构更加符合刑事诉讼价值和检察改革原则。

首先，相较于"捕诉合一"模式，捕诉部分合并分离模式通过保持捕诉权力制衡架构加强了检察机关的内部监督。虽然该模式将捕、诉部门的权力进行了重新分配组合，但总体上仍然保留了捕、诉的架构，而新成立的批捕部门有权对新的侦诉部门提交的逮捕请求进行审查并做出决定。批捕部门可以通过其所享有的批捕权对侦诉部门的侦查引导工作进行内部横向监督制约，避免侦诉部门在引导侦查活动过程中存在滥用权力的违法行为。

其次，相较于"捕诉分离"模式，捕诉部分合并分离模式将侦查监督权能赋予侦诉部门，这一方面可以减轻原侦查监督部门繁重的审查工作，同时也避免了侦查监督部门检察官因为自身角色的冲突而在捕与不捕的决定过程中产生心理矛盾，从而削弱工作积极性。另一方面，侦诉部门可以在提前介入引导侦查的过程中预先了解案情和证据，这样既可以对侦查活动的合法性进行监督，引导侦查机关更有效地收集、固定、提取证据，进而做好案件的预先分流工作，减少司法资源浪费；同时又可以避免侦诉部门因为重复提审犯罪嫌疑人以及审查案卷，无谓地增加业务负担。总的来说，捕诉部分合并分离模式更符合诉讼经济原则，其可以在各个诉讼阶段大幅提升工作效率，节省司法资源。

再次，相较于"捕诉合一"和"捕诉分离"模式，捕诉部分合并分离模式强调建立真正意义上具有中立性的批准逮捕部门和具有独立性的检察官。一方面，通过对原侦查监督部门进行适度司法化的改造，建立居中审查决定的批捕部门，实现从司法层面对限制人身自由的司法措施和侦查手段进行规范和制约，以司法监督的方式充分保障犯罪嫌疑人的基本人权不受侵害。此外，在新的批捕部门建立对审兼听模式，通过在审查逮捕的过程中积极引入辩护方意见，保障批准逮捕决定的公正性。另一方面，通过赋予新成立的批捕部门检察官最终的批准逮捕决定权，以及改善检察系统内部的奖惩机制，来削弱检察机关内部和外部对批捕部门检察官工作的干预，加强批捕部门检察官的独立性，从而保证检察官做出批捕决定的客观性。

第四章　监察体制改革背景下的
职务犯罪调查权制约机制重构

一、监察体制改革背景下反腐新力量的诞生

（一）多机构反腐机制的退出

从世界范围来看，主要存在两种反腐模式，一种是"多机构反腐模式"，采用这种模式的代表国家是美国，美国享有对公共腐败行为进行调查和起诉职能的机构包括部分执法机构、检察机构、监察机构和国会调查机构。[①] 而另一种是"单机构反腐败模式"，采用这种模式的代表国家是新加坡，新加坡主要由贪污调查局负责反腐败职责，其也是全球第一个将反腐反贪权力集中于一个专门机构的国家。[②] 我国在监察委员会成立之前，所采用的是"多机构反腐模式"，由多个机构负责对腐败行为进行预防治理，有学者称之为"三驾马车"的模式。[③] 具体而言是由纪委负责党内纪律审查职能，而检察院负责对所有涉嫌职务犯罪的人员采取侦查手段，政府监察机构则是负责对所有行政机关及其任免

---

① 何家弘：《美国反腐败法律制度》，《外国法译评》，1998 年第 4 期。
② 武辉、顾国平：《新加坡反腐的历史进程及廉政建设机制研究》，北京：中国法制出版社，2016 年版。
③ 秦前红、叶海波：《国家监察制度改革研究》，北京：法律出版社，2018 年版。

的公职人员存在的违法行为进行监督。除此以外，人大及其常委会和审计机关也有部分监督权限。上述三个机关所组成的反腐模式长期以来存在诸多问题：其一，同体监督使得监督的效果大打折扣。无论是主动还是被动，监督主体在同体监督结构下履行监督职能必然会存在诸多顾忌和掣肘。例如，政府监察机构本身作为国务院的组成部门之一，与其他政府部门一起分享并行使国家行政权，同时其主要职责内容是监督与其共同行使行政权的其他国家政府部门，这就形成了一种同体监督的现象。① 监督主体与被监督主体作为同一"家长"的"孩子"，他们之间存在的特殊纽带关系必然会影响到监督的有效性。此外，检察机关作为法律监督机关，同时又是职务犯罪案件的侦查机关，形成了一个极富"戏剧性"的局面，即针对职务犯罪侦查活动的违法监督责任交到了与反贪、渎侦部门同属检察机关的侦监、公诉等部门。这种"同袍"的关系使得检察机关监督职能的履行名不符实。其二，异体监督也难以对监督对象形成有效的约束。因为依据我国的《宪法》规定，检察机关作为"一府两院"中的一员，独立于行政体系依法行使其职权，而具有独立地位的检察机关享有的一项重要的职能就是负责对职务犯罪行为进行立案侦查。但实际上，我国的检察机关不仅仅只接受上级检察机关的垂直领导，也不仅仅只对同级人大负责。同级及以上的政府机关对检察机关的人事、财政和组织运作都能施加极大的影响，这就使得检察机关在履行自身监督职能、打击职务犯罪的过程中会考虑诸多案外因素，也导致我国最具威慑力的反腐败机构不能发挥其全部效能。其三，"多管齐下"的监督模式导致力量分散，还留下了打击"死角"。一直以来，虽然采用多机构对腐败活动进行监督和打击

---

① 秦前红、叶海波：《国家监察制度改革研究》，北京：法律出版社，2018年版。

的方式表面上似乎是各司其职，泾渭分明的权力结构配置可以使得各机构全力履行好自身的职能，专心治理好不同领域的腐败问题，但事实上，不同领域的腐败活动是存在相互关联性的，不能割裂地看待。比如同一对象所实施的腐败行为，因为其身份可能同时涉及违反党纪和刑法，此时对于该对象的调查可能就涉及多个机构；但是随之而来的问题是究竟谁负责主调查、调查的先后顺序如何、适用何种程序来进行调查取证等。"多管齐下"的监督模式很可能形成两种局面：其一是所有机构"沾边"就管，大家形成相持不下的局面，这不利于反腐活动调查工作的顺利进行；其二是各个机构相互推诿，形成悬而不决的状态。上述两种情况都不利于我国反腐工作的开展。另外，之前实行的以"三驾马车"模式为主导的反腐败架构，打击面虽广，但是并不周严，使得部分对象的腐败行为处于"三不管"的领域①，造成反腐工作的成效有较大的局限性。

（二）单机构反腐机制的确立

鉴于"多机构反腐模式"在我国实际运行过程中表现欠佳，国家对现有的反腐模式进行了重新审视和思考。2013 年，习近平总书记提出："要加强对权力运行的制约和监督，把权力关进制度的笼子里，形成不敢腐的惩戒机制、不能腐的防范机制、不易腐的保障机制。"② 2016 年 1 月，习近平总书记进一步指出："要完善监督制度，做好监督体系顶层设计""扩大监察范围，整合监察力量，健全国家监察组织架构，形成全面覆盖国家机关及其

---

① 不构成犯罪且不属于行政机关系统的非党员的公职人员很可能成为了反腐盲区。参见冯铁拴：《中国监察体制改革论析：过去、现在与未来》，《甘肃政法学院学报》，2018 年第 2 期。

② 习近平：《更加科学有效地防治腐败，坚定不移把反腐倡廉建设引向深入》，《人民日报》，2013 年 1 月 23 日，第 1 版。

公务员的国家监察体系"①。这是首次提出要在全国范围内建立
一个统一的监察机构，全面负责对公共腐败行为进行监督、预防
和治理。2016 年 10 月，党的十八届六中全会明确要求："各级
党委应当支持和保证同级人大、政府、检察机关、司法机关等对
国家机关及公职人员依法进行监督，人民政协依章程进行民主监
督，审计机关依法进行审计监督。"② 2016 年年底，中共中央办
公厅印发《关于在北京市、山西省、浙江省开展国家检察体制改
革试点方案》，国家检察体制改革从顶层设计步入实践操作阶
段。③ 其后，第十二届全国人大常委会于 2016 年 12 月 25 日通过
全国人民代表大会常务委员会《关于在北京市、山西省、浙江省
开展国家检察体制改革试点工作的决定》④，国家监察体制改革
由党的意志和党内决策转化为国家的意志和法律规定。北京、山
西和浙江三地积极开展试点工作，为监察制度改革积累了丰富的
经验，打下了坚实的基础。在此基础上，2017 年 10 月 23 日，
中共中央办公厅印发《关于在全国各地推开国家检察体制改革试
点方案》。随后，十二届全国人大常委会第三十次会议通过在全
国各地推开国家监察体制改革试点工作的决定。⑤ 党的十九大报
告也指出，深化国家监察体制改革，将试点工作在全国推开，组
建国家、省、市、县监察委员会，同党的纪律检查机关合署办

① 习近平：《在第十八届中央纪律检查委员会第六次全体会议上的讲话》，《人民日报》，2016 年 5 月 3 日，第 2 版。
② 《中国共产党第十八届中央委员会第六次全体会议公报》，人民网，http://cpc. people. com. cn/n1/2016/1027/c64094－28814120. html，2018 年 9 月 6 日访问。
③ 《关于在北京市、山西省、浙江省开展国家监察体制改革试点方案》，《人民日报》，2016 年 11 月 8 日，第 3 版。
④ 《全国人民代表大会常务委员会关于在北京市、山西省、浙江省开展国家监察体制改革试点工作的决定》，《人民日报》，2016 年 11 月 8 日，第 3 版。
⑤ 钟纪轩：《深化国家监察体制改革，健全党和国家监督体系》，人民网，http://theory. people. com. cn/n1/2018/0502/c40531－29959598. html，2018 年 9 月 7 日访问。

公，实现对所有行使公权力的公职人员监察全覆盖。从 2017 年
11 月，内蒙古自治区包头市青山区监察委员会成立挂牌开始，
至 2018 年 2 月，广西壮族自治区崇左市大新县监察委员会正式
成立，三个多月时间内，全国省、市、县三级监察委员会全部完
成组建。2018 年 3 月 5 日，十三届全国人大一次会议表决通过
了《中华人民共和国宪法修正案》和《中华人民共和国监察
法》。[1]

二、监察委员会调查权制约机制的建立是改革的必然方向

（一）控权模式是现代民主国家政治体制改革的普遍选择

2018 年《中华人民共和国宪法修正案》第一百二十四条规
定："中华人民共和国设立国家监察委员会和地方各级监察委员
会。"这正式形成"一府一委两院"的国家权力结构体系。此次
宪法赋予监察委员会享有与国务院、最高法和最高检平行的地
位，实际是一种权力制衡的体现。虽然我国不同于部分西方国
家，但即便是对我国权力制约监督体制建设影响甚巨的马克思、
恩格斯主义以及列宁思想理论，均主张采用分权和相互制约监督
的模式来配置国家权力。[2]　其中，恩格斯在对科尔梅南集权言论
的批判中就特别指出："集权始终是法国的立法中出现倒退的主
要原因。"他认为："目前统治着法国的这种极端形式的集权，乃
是国家超越了自己的范围，超越了自己的本质。国家的范围，一

---

① 钟纪轩：《深化国家监察体制改革，健全党和国家监督体系》，人民网，
http://theory.people.com.cn/n1/2018/0502/c40531-29959598.html，2018 年 9 月 7
日访问。

② 陈国权：《权力制约监督论》，杭州：浙江大学出版社，2013 年版。

方面是个人，另一方面是世界历史。集权则使双方都遭受的损害，如果国家把本来只归历史享有的权力攫为己有，它就消灭了个人的自由。"① 现代政治文明的建设尽管在具体制度设计方面存在差异，但是在权力"制约"和"监督"结构的设计上都遵循控权逻辑。② 我国长期以来的改革方向正是积极尝试在国家权力结构体系中设计并加入更强的权力制约元素。这次通过修宪确立监察权享有与行政权、司法权和检察权同等的宪法地位，则是通过对国家权力进行重新调整以构建新的权力制约监督体系，同时通过确立监察委员会的独立地位以树立监察权的权威性，并最终形成了这样一个监督体系：监察权在立法权的监督之下独立运行，并对行政权、司法权和检察权的行使主体进行全面监督。

（二）我国现行控权模式中缺乏对监察委员会的权力制约

虽然设立监察委员会使得我国由传统的"多机构反腐模式"转变为"单机构反腐模式"，通过积极整合反腐败资源力量，形成集中统一、权威高效的反腐败体制，有利于形成严密的法治监督体系。但事实上，推进这项改革的参与者更多地将注意力集中在如何加强监察权的权威和提升反腐的效果上，忽略了权力制衡体系中并不仅仅只有"监督"元素，还有"制约"元素的存在。虽然制约和监督都是权力主体之间的控制关系，但上述两种元素实际上是存在极大区别的，监督关系是单向的，是监督者对被监督者权力行为的监察、督促，监督者并不直接参与完成被监督者的权力行使过程，但可以对这一过程要求中止或事后追究。而制约关系是双向的，是权力主体之间相互约束牵制的关系，只有权

---

① ［德］马克思、恩格斯：《马克思恩格斯全集》（第1版）第41卷，北京：人民出版社，1982年版。

② 陈国权：《权力制约监督论》，杭州：浙江大学出版社，2013年版。

利主体之间的协调一致才能完成完整的权力过程。[①]"权力主体往往处于多重权力关系之中，制约关系与监督关系往往混杂在一起，同一个权力主体在不同的权力关系中可能分别扮演着制约者和监督者的角色，在特定情况下，监督者与被监督者的身份还会发生互换。"[②] 监察权主体作为国家权力制衡体系中的一极也无法摆脱这样的制约监督关系，其不仅仅是针对其他权力行使主体的监督者，制约着其他权力行使的各项活动，同时自身也受到监督和制约。而如何监督和制约国家监察机关恰恰也是监察体制改革中的难点。

（三）关于监察委员会调查权内涵和外延的争论与辨析

监察体制改革初步完成之后所面临的第一个难题便是是否应保留检察机关对职务犯罪侦查活动的监督权。因为在监察体制改革之后，依据《监察法》的相关规定[③]，监察委员会针对公共腐败行为所享有的是调查权，而不再是以往的侦查权，既然职务犯罪侦查权已经不再存在，那么针对该项权力的监督权也没有了行使的依据。对于"调查权"和"侦查权"的关系，学界也一直存在争议。第一种观点主张职务犯罪的侦查权是由检察机关独有的权力，并不因为转隶的原因而直接改由监察委员会享有这项权力。持这一观点的代表人物马怀德教授就认为："检察院由反贪局、反渎局和预防职务犯罪局行使反腐职能，试点中要转隶到监察委员会，但是不能代行检察院的检察职能，检察院的侦查、批

---

①　陈国权：《权力制约监督论》，杭州：浙江大学出版社，2013年版。
②　同注释①。
③　《中华人民共和国监察法》第11条规定："监察委员会依照本法和有关法律规定履行监督、调查、处置职责。"

捕、公诉等权力，监察委员会不能一并享有。"① 该主张其实是将监察委员会的调查权归为一项与职务犯罪侦查权完全不相关的权力。第二种观点则主张检察机关所享有的职务犯罪侦查权在转隶的过程中已经由监察委员会继受，并与纪委和国家监察机构转交的调查权相整合，形成新的调查权，因此监察委员会所享有的调查权包含侦查权，二者是包含与被包含的关系。陈光中教授认为，监察委员会的调查权分为一般调查权和特殊调查权；同时他还认为，由于特殊调查程序特点鲜明，需要接受《刑事诉讼法》的规范。因此，在试点过程以及正式修法后，不应将一般调查和特殊调查完全混同，而应当予以区分，或者进一步将特殊调查改为侦查。② 第三种观点是主张侦查权包含了调查权限和采取强制措施的决定权限③，因此调查权与侦查权之间并非是包含和被包含的关系，而应当是被包含和包含的关系。在体制改革之后，归于监察委员会的调查权仅是职务犯罪侦查权的部分权能，即监察委员会仅能自主实施调查活动，但不能自行决定采取强制措施，使用"强制措施"④ 的决定权未来仍然由检察机关享有。

针对上述三种观点，笔者认为第一种观点显然是不可取的，因为职务犯罪侦查权作为原来检察权的一部分，在监察体制改革之后已经从检察机关剥离出来，与此同时，监察委员会的调查权

① 王梦遥：《中纪委特邀监察员马怀德：监察委不能有侦查、批捕、公诉等权力》，新京报网，http://www.bjneas.com.cn/news/2016/11/301425445.html，2018年9月10日访问。
② 林子桢：《陈光中：监察体制改革需启动系统修法工程》，财新网，http://china.caixin.com/2017-01-17/101044638.html，2018年9月11日访问。
③ 该观点的主要依据是《刑事诉讼法》第106条的规定，该条规定："'侦查'是指公安机关、人民检察院在办理案件过程中，依照法律进行的专门调查工作和有关的强制性措施。"
④ 此处"强制措施"主要包括采取拘传监视居住、取保候审、逮捕、拘留等强制措施。

限得到了扩大。根据《刑事诉讼法》的规定，原先人民检察院反贪部门在履行职务犯罪侦查职能时可以采取以下强制侦查措施：谈话、询问、讯问、查询、冻结、查封、扣押、调取、搜查、勘验检查、鉴定、辨认等，同时包含下列强制措施：拘传、取保候审、监视居住、拘留和逮捕。而根据《监察法》的规定，监察委员会的调查权虽然新增了"谈话"一项，但其余的调查手段均与职务犯罪侦查措施基本一致。显然，监察委员会掌握的调查权所能采取的调查措施与原来检察机关的职务犯罪侦查权的侦查措施是基本相同的。此外，根据《监察法》的相关规定，监察委员会对于严重的职务违法和职务犯罪行为是享有调查权的，并且监察委员会针对职务犯罪行为可以采用上述大部分侦查和强制措施。由此可见，监察委员会的部分调查权能实质上与职务犯罪侦查权能的内容是重合的，因此监察委员会依据《监察法》所享有调查权的渊源之一即是检察机关的职务犯罪侦查权，两者存在极大关联，并非毫无瓜葛。第二和第三种观点笔者认为均不够准确，应当说监察委员会的调查权与检察机关的侦查权之间是一种交叉重合的关系，而非包含关系。其原因是侦查权虽然包括调查权限和采取强制措施决定权两个层次内容，但是这里的调查权限显然与监察委员会的调查权只是在字面比较近似，而实际上两者的内涵和外延都并不一致。根据《监察法》的规定，监察委员会有权采取谈话、询问、讯问、查询、冻结、查封、扣押、调取、搜查、勘验检查、鉴定、辨认等调查措施，同时还可以采取"留置"这一强制措施。[①] 可见，调查权包含了调查措施和强制措施，同时调查权的调查措施相较于侦查措施还新增了"谈话"，这显然是为了满足处置违纪和一般违法案件的需要而设置的。由此，可以说调查权的外延是大于侦查权所包含的调查权限的，而调查权的

内涵显然也不能简单等同于调查措施。另一方面，依据《监察法》的规定，监察委员会行使调查权的过程中主要是采取"留置"这一强制措施，而"留置"与《刑事诉讼法》赋予职务犯罪侦查机关在侦查活动中所能采取的强制措施之间的关系尚存在较大争议，因此不能简单地认定两者之间是一种包含关系。基于上述原因，笔者认为目前仅能认定职务犯罪侦查权与调查权之间是一种交叉重合关系。当然，《监察法》在立法技术上和法律语言的表述上的确存在不严谨和不周延的问题，使人们将监察委员会的调查权与律师在刑事诉讼中"调查取证权"、法院的"法庭调查权"、行政机关的"行政调查权"等概念相混淆，如果深入了解这些权力的内容，就会发现其内涵和外延完全不同；但是法律规范中对这些存在明显区别的权力却使用了较为近似的表述，这显然是不妥当的。因此，笔者认为在未来完善监察立法的过程中，应当考虑使用更为严谨的法律语言对该项权力进行阐释。同时，在职权分配方面，要么明确赋予国家监察委员会"侦查权"，要么就在"调查权"的范围内合理设置国家监察委员会的职权。①

（四）完善监察委员会调查权制约机制的必要性

无论调查权与侦查权之间是包含关系还是重合关系，但至少可以肯定的是，职务犯罪侦查权的部分权限已经分离合并进入监察委员会的调查权权限之中，因此当前监察机关的调查权同时兼具了行政调查和刑事侦查的双重性质。具体而言，目前多数学者主张监察委员会目前所能采取的"调查"措施既包含针对违反党纪和行政法规的一般调查，也包含针对腐败犯罪的特殊调查，即

---

① 罗晓东：《"调查权"与"侦查权"不应混同》，传送门网，http://chuansong.me/n/1742372652115.htm，2018年9月11日访问。

原来由检察机关行使的职务犯罪侦查权。① 但是在职务犯罪侦查权的部分权能转移至监察委员会之后，却出现了针对监察委员会调查权的监督机制几近真空的现象。须知将检察机关的职务犯罪侦查权划归监察委员会，初衷之一就是为了避免同属于检察机关下辖的侦查监督部门和公诉部门在对反贪和渎侦部门的侦查活动实施同体监督的过程中"手下留情"，相互之间难以形成有效的制约。但依据现行《监察法》的规定，监察委员只在调查结束之后才将涉嫌职务犯罪的案件移送给检察机关的公诉部门审查起诉。② 这意味着在监察体制改革之后，职务犯罪的调查结果仅受到检察机关公诉部门的事后法律监督，无论是《监察法》还是《刑事诉讼法》均没有针对监察委员会的调查活动设置有效的事中制约机制，调查权所包含的大多数调查和强制措施都可以由监察委员会自行决定做出，这导致监察委员会在行使调查权的过程中几乎没有任何权力可以对其进行限制。相较而言，检察机关的职务犯罪侦查活动在转隶之前依法必须接受侦监和公诉部门的双重监督和制约。那么当前的立法中的空白，是否意味着监察体制改革之后，监察委员会在行使调查权的过程中没有必要再接受任何的监督和制约？答案显然是否定的，因为该做法一方面违反了现代宪法价值的原则性要求，另一方面也不符合国际立法的惯例。

----

① 施鹏鹏：《国家监察委员会的侦查权及其限制》，《中国法律评论》，2017 年第 2 期。

② 《中华人民共和国监察法》第 47 条规定："对监察机关移送的案件，人民检察院依照《中华人民共和国刑事诉讼法》对被调查人采取强制措施。经人民检察院审查，认为犯罪事实已经查清，证据确实、充分，依法应当追究刑事责任的，应当做出起诉决定。人民检察院经审查，认为需要补充核实的，应当退回监察机关补充调查，必要时可以自行补充侦查。对于补充调查的案件，应当在一个月内补充调查完毕。补充调查以二次为限。人民检察院对于有《中华人民共和国刑事诉讼法》规定的不起诉的情形的，经上一级人民检察院批准，依法做出不起诉的决定。监察机关认为不起诉的决定有错误的，可以向上一级人民检察院提请复议。"

1. 完善职务犯罪调查权的制约机制符合现代宪法的原则性要求

监察委员会的调查权作为全国人大及其常委会授权行使的权力之一，其有必要遵循现代宪法价值的原则性要求。首先是权力制约原则。"绝对的权力导致绝对的腐败"，阿克顿勋爵的这句经典名言一语道明了权力制衡的重要性。一权独大的局面会导致国家权力机构的失衡，也会威胁到公民的基本权利。此外，在监察体制改革之前，立法机关在授予检察机关的反贪和渎侦部门以职务犯罪侦查权的同时，也授予了同机关侦监和公诉部门对职务犯罪侦查权的运行进行法律监督的权力，即建立了侦查活动监督制约机制。该机制包括检察机关内部的侦监和公诉部门在反贪和渎侦部门行使侦查权能的过程中会积极介入并对侦查活动提供引导和建议。此外，职务犯罪侦查部门在侦查活动中如果要对犯罪嫌疑人的人身和财产采取较为严厉的侦查行为或强制措施时，也均需要交由侦查监督部门依法进行审查判断并做出决定。很难想象改革之后的监察委员会职务犯罪调查权反而失去上述监督制约机制，使该项权力处于基本不受制约的状态，这显然是违背了权力制约原则。其次是基本人权原则。人权原则的内涵是公民在政治、社会和个人生活中的基本权利应当受到国家尊重和保护。侦查活动中所采取的侦查行为和强制措施常常会对公民的人身、财产等权益予以限制，但是这种对公民基本权利的限制是有限度的，必须遵照比例原则①，即便侦查对象涉嫌贪污腐败行为。如果一旦侦查措施超过法定的必要限度，则可能对公民的基本权利

---

① 比例原则体现在："强制侦查手段的使用必须与案件的情况相适应，不得超过实现侦查目的所必要的限度""在考虑某项措施比例性的时候，必须平衡犯罪的严重性、嫌疑的程度、保护证据或信息的措施可能带来的价值和对所涉及的人带来的破坏或危害等因素"。参见宋冰：《美国与德国的司法制度与司法程序》，北京：中国政法大学出版社，1998年版。

带来难以恢复的损害，因此国家立法机关在授权相关机构享有侦查权的同时，必须设置相应制约机制以控制侦查权主体的行为，避免超过必要的限度，进而侵犯公民的合法权益。例如，监察体制改革之前，检察机关的反贪和渎侦部门如果打算对侦查对象采取逮捕的强制措施以便后续侦查活动顺利开展的话，那么它们必须要向检察机关的侦查监督部门提请审查逮捕，最终由侦查监督部门来决定是否采取逮捕强制措施。这种由第三方审查批准的方式更有利于客观地审查判断采取某项强制措施的必要性和比例性，从而有效保障侦查对象的合法权益。最后是形式正义原则。在英美法的法谚中有一句经典名言："正义不仅应得到实现，而且要以人们看得见的方式加以实现"①，这即是所谓的"看得见的正义"。相对于实质正义，形式正义原则更强调法的手段、逻辑、过程、形式等问题，注重裁判过程和法律程序的公平。在实质正义与形式正义发生冲突难以协调的情况下，优先维护形式正义更容易实现法治价值目标。因此，"形式法治的价值目标应当是法治社会的价值基准，国家权力的配置和协调也必须遵循此原则"②。从构建形式法治社会的角度来说，国家权力的配置结构必须形成有效的制约机制，从而避免因一方权力独大而造成该方主体在行使权力的过程中产生偏私性、封闭性和不平等性等因素，进而对形式正义造成破坏。

2. 建立职务犯罪调查权的制约机制符合国际通行的立法规则

除了上述原因，参照国外的先例，也可以发现多数廉政指数较高的国家在立法上也多倾向于授权建立针对侦查权的权力制约

---

① 陈瑞华：《看得见的正义》，北京：北京大学出版社，2013 年版。

② 史凤林：《监察权与司法权的协调衔接机制研究》，《中共山西省委党校学报》，2018 年第 2 期。

机制。虽然也有如新加坡这样的国家，建立了直接对总理负责的贪污调查局，该机构在对《新加坡刑法典》规定的公务人员的有关职务犯罪、《防止贪污法》所列的犯罪以及可能在调查过程中发现的可拘捕犯罪进行调查时，其调查权是独立的，其调查权和调查范围视同来源于《新加坡刑事诉讼法》第 132 条关于警察调查的规定，不需要检察官特别授权。① 换言之，贪污调查局对法律规定的职务犯罪及相关的可拘捕犯罪享有独立于检察机关的调查权。许多学者认为，我国监察委员会具有的调查权类似于新加坡贪污调查局所享有的调查权，在对职务及相关犯罪调查的过程中具有独立性，不需要接受其他机关的监督和制约。虽然新加坡贪污调查局具有极大的自主调查权限，但事实上贪污调查局在对贪污贿赂犯罪嫌疑人的财产状况行使特别调查权的时候，仍然必须先获得检察官的授权。此外，如果检察官在审查起诉的时候认为证据不充足，也可以指示贪污调查局终止调查或补充调查，而贪污调查局必须予以执行。② 显然，新加坡在立法中虽然赋予了贪污调查局极大的调查权限，但是也设置了相应的监督制约机制。

我国香港地区也设置了强力的反腐败机构——廉政公署，该机构对香港的廉政建设的贡献功不可没。根据香港的法律规定，廉政公署在调查涉嫌触犯《防止贿赂条例》或《选举（舞弊及非法行为）条例》的案件时具有广泛的调查权。例如，在廉政专员书面授权之下，廉政公署的工作人员可以对任何政府部门和社会私营机构及其工作人员进行查询和调查；可以搜查、扣押、检查任何可以作为物证的物品；有权处理任何涉嫌贪污行为人员的银

---

① 武光军、顾国平：《新加坡反腐的历史进程及廉政建设机制研究》，北京：中国法制出版社，2016 年版。

② 同注释①。

行账号和保险箱，并可限制任何财产处置行为；有权要求任何人提供任何办案中所需的材料等。如果廉政公署的工作人员有理由怀疑某人存在贪腐行为，则有权对该人采取搜查措施。① 可见，香港立法也授予了廉政公署极大的自主调查权，从而能够更加高效地打击贪腐活动。不过相较于新加坡，我国香港地区在对廉政公署调查权的制约机制建设方面更为积极。总体来说，香港所采取的对廉政公署调查权的法律控权模式主要包括静态控权模式和动态控权模式。其中，静态控权模式的基本运行原理是"通过立法对权力适用的边界、条件、程序等予以静态规制，强调权力必须依照法律规定行使，未经授权的权力一律视为非法权力，在授权的同时实现有效控权"②。静态控权模式更加强调权力行使主体对立法制度的单方遵循，香港立法机构通过修订原有立法和制定新的法律条例，对廉政公署的调查对象、范围以及调查措施做出了严格的规定，特别通过《廉政公署条例》和《防止贿赂条例》等法律就廉政公署在调查活动中针对人身和财产所采取的强制措施进行了详细规定和严格限制，使廉政公署的调查活动有法可依，以避免调查权力的滥用。同时，香港还十分注重动态控权模式的构建，其是以静态控权模式为基础，通过刑事程序主体运用其法定权力或者权力制约控权对象的权力行使，并在后者出现违法行为时，启动制裁程序或权利救济。③ 针对廉政公署调查权的动态控权模式主要基于以下三个方面建立：司法权控制、检控权控制和犯罪嫌疑人权利控制，其中司法权和检控权成为权力制约机制的主导力量。一方面，司法权对廉政公署调查权的动态控

---

① 朱超然、王杰：《对香港特区廉政公署制度设计的思考与借鉴》，《河南社会科学》，2018 年第 3 期。

② 阳平：《论我国香港地区廉政公署调查权的法律控制——兼评〈中华人民共和国监察法（草案）〉》，《政治与法律》，2018 年第 1 期。

③ 同注释②。

制主要体现在事前司法授权制度和事后司法审查制度。前者主要是要求调查权行使过程中所采取的强制措施必须事先获得法院的令状授权,以确定侦查措施符合比例原则;而后者则主要是要求侦查机关在对犯罪嫌疑人实施逮捕并羁押后,及时地将羁押人带至法官或者其他有权的官员面前,由法官对就该犯罪嫌疑人实施的羁押措施的合法性和必要性进行审查并做出决定。[①] 另一方面,检控权对调查权的制约作用主要体现在香港律政司有权决定中止、撤销以及提出或者不提出检控,同时有权监督廉政公署调查行为的合法性,对采用不合法手段获取的证据有权拒绝将其作为检控证据提交法庭使用。[②]

根据上述分析可知,新加坡与我国香港地区都采用的是"单机构反腐模式",两地的反腐机构都具有较为强势的调查权限,同时两地的立法者均考虑到了监督制约调查权的必要性,因此分别设置了一些权力制约机制以确保反腐机构在合法的范围内行使调查权,特别是两地都十分重视发挥检控机关的监督作用。相对而言,在新加坡的权力制约机制中,检控机关与贪污调查局之间的关系更类似监察体制改革后我国检察机关与监察委员会之间的关系:监察委员会具有极大的自主调查权,可以自行决定采取《监察法》所授予的调查行为和强制措施,而检察机关对监察委员会的调查行为的合法性只有在移送起诉之后才能实施事后监督。相比之下,我国香港地区在权力制约机制建设方面更为全面

---

① 阳平:《论我国香港地区廉政公署调查权的法律控制——兼评〈中华人民共和国监察法(草案)〉》,《政治与法律》,2018 年第 1 期。

② 《关于检察官作用的准则》第 16 条规定:"当检察官根据合理的原因得知或认为其掌握的不利于嫌疑犯的证据是通过严重侵犯嫌疑犯人权的非法手段,尤其是通过拷打、残酷的、非人道的或有辱人格的待遇或处罚或以其他违反人权办法取得的,检察官应拒绝将此类证据用于采用上述手段者之外的任何人,或将此事通知法院,并应采取一切必要的步骤确保将上述手段的责任者绳之以法。"

和完善，分别设置了立法权、司法权、检控权三道防火墙，通过这些权力不仅可以在事后对廉政公署的调查权进行监督，同时也可以积极介入调查活动进行事中监督和制约，这就使得调查权滥用的空间被限制在极小的范围之内。

三、职务犯罪调查权制约机制改革指导思想的抉择

目前施行的《监察法》并没有延续《刑事诉讼法》的规定，赋予人民检察院针对监察委员会调查活动进行事中监督的权力，仅是规定检察机关可以根据监察委员会的要求，在监察委员会调查阶段，协助监察委员会论证案件。[①] 虽然监察委员会将案件移送给检察机关之后，公诉部门在审查起诉的过程中有监督调查权运行情况的权力，但是这更多的是一种事后监督，无法对调查权形成及时有效的制约。形成当前局面的主要原因之一便是在国家监察体制改革中改革者所秉持的核心理念受到机关思维[②]的严重桎梏。

（一）摒弃机关思维的封闭性

机关思维是行政逻辑在公权力领域的延伸，所谓的行政逻辑是与自上而下的压力型主导体制相联系的，其强调权力主体的整体单一性、意志与行为的统一性。作为一种单向度思维，行政逻辑认为互动沟通是对权力主体权威地位的威胁和弱化。此外，官僚组织是行政逻辑展开的载体，其通过降低官僚体系运作环境的

[①]　朱福惠：《论检察机关对监察机关职务犯罪调查的制约》，《法学评论》，2018年第3期。

[②]　"机关思维"主要是指改革的顶层设计是以"主体或机关"为视角切入，然后再以"主体或机关的作为"为中心设计相应的关系、程序等。这种设计方法有利于整合权力主体，推动了主体性和秩序层面认同的进程，但如果缺乏理性和现代宪法价值指引，将导致改革效果大打折扣。参见秦前红、叶海波：《国家监察制度改革研究》，北京：法律出版社，2018年版。

复杂性和不确定性，同时通过运作空间封闭化、权力关系层级化来构建统治者强大的控制体系。行政逻辑看重追求的是效率和秩序价值，力求"速战速决"而非"持久战"。①在行政逻辑的影响下，机关思维的核心特征便是以机关本身为中心，"在出现权力腐败甚至斗争时，权力高层往往从机关切入，通过设立、重组、合并、嫁接等方式对所涉机关予以调整，从而完成对权力的整合、调控"②。根据秦前红教授的观点，在国家存在一种绝对强势力量的情境下，机关思维作为一种权力控制方法论，容易成为优位选择，其原因在于这种方法有利于及时抓住时机，促使预设目标能够快速实现，即通过权力的调整来"集中力量办大事"③。虽然机关思维在特定改革环境下有其存在的价值，但其同时也存在着诸多弊端：首先，机关思维有违权力制约原则。如果为了集中力量打击腐败，而将各项权力整合于监察委员会的调查权，这对于公共腐败行为的抑制无疑是具有重大意义的。但是如果允许监察委员会在封闭的环境下自主行使调查权，而不接受任何其他主体的监督，那就容易导致权力的暗箱操作，滋生新的腐败。其次，机关思维有违人权保障原则。在这种主导思想下所进行的监察体制改革，更多的是考虑如何"短平快"地贯彻打击腐败的国家意志，却忽略了国家监察体制改革作为一项顶层设计，如果缺乏精细的制度设计和技术操作，很可能导致相关调查对象的合法权益受到严重侵害。最后，机关思维有违程序正义原则。原先由检察机关行使的职务犯罪侦查权在监察体制改革后部分并入了监察委员会的调查权之中，虽然权力发生了转移，但是与权力行使相关的权力制约机制却没有在刑事程序性立法中很好

---

① 秦前红、叶海波：《国家监察制度改革研究》，北京：法律出版社，2018年版。
② 同注释①。
③ 同注释①。

地保留并体现出来。这导致监察委员会的调查权基本是在一个封闭的环境中运行，而程序的封闭性和随意性极易催生权力腐败。

（二）引进程序思维的开放性

与机关思维相对应是程序思维①，该种思维方法更强调"按照事物产生、发展、衰弱、消亡的客观规律，识别这一过程中可能出现的破坏民主、侵犯人权、违背法治、消减制约等风险点或价值漏洞，并采取相应的制度措施予以引导和修正，从而保证该事物的发生和变迁符合现代宪法价值的方法"②。程序思维相较于机构思维更强调分权思想，其所追求的是民主、法治、基本人权、权力制约等现代宪法价值。此外，程序思维的主导思路并非是将权力集中于某一机关之后再设置权力运行程序，而更多的是在遵循权力客观运行的规律基础上，试图建立一个较为开放的运行空间，并引入其他权力或权利主体参与到权力运行的过程中来，最后再依照现代宪法的原则对权力进行合理配置。作为一种科学的权力配置方法，程序思维更加尊重权力运行的客观规律，它能够更好地按照现代宪法价值配置权力及程序参与主体，从而使权力运行更加开放化；程序思维让不同权力系统之间的协调衔接更为合理有序，这也能为监察委员会调查权的行使构建更好的制约机制，减少调查权滥用的情况发生。因此笔者认为，有必要在完善职务犯罪调查权制约机制的过程中以程序思维作为主要的指导思想，充分发挥程序思维的开放性，建立一个更为科学合理的控权机制。

---

① "程序思维"是改革中一种补充的顶层设计方法，其是以"客体或改革对象"为视角切入，在尊重权力的客观运作规律的基础上，再以"现代宪法价值"为中心对改革对象的各个环节作出指引。参见秦前红、叶海波：《国家监察制度改革研究》，北京：法律出版社，2018年版。

② 秦前红、叶海波：《国家监察制度改革研究》，北京：法律出版社，2018年版。

四、检察体制改革背景下职务犯罪调查权制约机制的重新建构

(一) 应当将监察委员会纳入《宪法》第 135 条的制约体系

我国《宪法》第 135 条规定:"人民法院、人民检察院和公安机关办理刑事案件,应当分工负责,互相配合,互相制约,以保证准确有效地执行法律。"在监察体制改革之后,监察委员会作为参与职务刑事犯罪的调查机关是否也应当纳入这个机制中来,成为学界和实务界讨论的重点问题之一。主要观点有以下几类:一种观点认为监察委员会具备了原先由检察机关所享有的职务犯罪刑事侦查职能,所以应当纳入《宪法》135 条的机制中来。[①] 而另一种观点则认为《宪法》第 135 条所提到的审判机关、检察机关和公安机关分别对应审判权、检察权和侦查权,而监察委员会并不享有审判权和检察权,其所享有的职务犯罪刑事侦查权也与公安的侦查权不一致;同时监察委员会的侦查权并不是其主要权能,该项侦查权是有限的且不进入刑事侦查程序。因此,监察委员会不宜纳入《宪法》第 135 条的体系内。笔者并不认同第二种观点,主要是基于以下理由:首先,之所以将职务犯罪侦查权从检察机关分离出来并入监察委员会,主要就是为了改变原先检察机关同体监督的局面,将侦查机关与监督机关分置,从而形成更加完善的分工、配合、制约体系。其次,监察委员会既然承担了职务犯罪刑事调查职责,也就承担了为刑事案件的顺利起诉提供确实充分证据的责任,那么它的调查程序无论是受

---

① 林子桢:《陈光中:监察体制改革需启动系统修法工程》,财新网,http:// china. caixin. com/2017-01-17/101044638. html,2018 年 9 月 15 日访问。

《监察法》还是《刑事诉讼法》的规制，为了保证调查主体准确有效地执行法律，其都应当参与到刑事案件的分工、配合、制约体系中来。再次，监督委员会的调查权行使如果继续保持封闭状态，不纳入《宪法》第135条的体系中来，这种顽固奉行机关思维的做法是有违新宪法精神的。同时在机关思维主导下的改革路径容易使权力过于集中，进而导致权力在缺少制衡的情况下被滥用。因此，有必要转换改革主导思想，在程序思维的引导下对权力重新审视并加以配置，这就要求将监察委员会也积极纳入《宪法》第135条的体系中来。

（二）原有制约机制无法对职务犯罪调查权形成有效的监督

一旦监察委员会被纳入《宪法》第135条的体系中，那么究竟由谁来对监察委员会进行制约也是值得思考的问题。现代各国刑事犯罪调查制度多奉行强制侦查行为的司法审查制度和令状主义，如果要在调查程序中对人或物采取刑事强制措施，除紧急情况之外，需经过司法审批并以司法令状形式实施。而我国的刑事诉讼程序中，并不实行强制侦查行为的司法审查和令状主义，取而代之的是逮捕措施由检察机关批准，其他的强制侦查措施由侦查机关自行决定的模式。① 在监察体制改革之后，似乎职务犯罪调查机关与检察机关的关系没有发生太大的变化，无论是冻结、查封、扣押、留置、搜查等作为限制公民财产权和人身自由权的强制措施，还是谈话、讯问、查询、调取、勘验检查和鉴定等无关公民财产权和人身自由权的调查措施，均由监察委员会系统内部自行决定；而职务犯罪的批捕权仍归于检察机关，监察委员会在留置期间对涉及职务犯罪的对象完成调查之后，在移送检察机

---

① 龙宗智：《监察体制改革中的职务犯罪调查制度完善》，《政治与法律》，2018年第1期。

关审查起诉的同时会提请公诉部门对调查对象批准逮捕。事实上，检察机关在改革中丧失了提前介入调查活动的可能性，同时检察机关针对职务犯罪所享有的批捕权也被后置到了审查起诉阶段，无法对前期羁押的合法性进行审查，也无法通过审查逮捕环节对刑事案件的调查活动进行事中监督。

（三）重构职务犯罪调查权制约机制的具体设想

从当前《宪法》对各机关的职能定位来看，检察机关作为专门的法律监督机关，似乎更适合作为监察委员会职务犯罪刑事案件调查活动的制约主体，对调查措施进行事中和事后的审查监督。审查逮捕程序作为检察机关对刑事案件侦查措施合法性进行监督的重要一环，在刑事侦查活动制约机制中一直具有举足轻重的地位。但我国有许多学者长期以来都对批捕权的归属都存有质疑，因为"在各国反腐体制中，职务犯罪调查权（或侦查权）与批捕权、起诉决定权通常都由不同性质的公权力机关分别行使；检察官直接行使调查权和起诉决定权都是有的，但对检察官获此权力的国家，除紧急情况外至少批捕一般须经法官批准；在检察官无职务犯罪调查权的国家，没有任何国家有不经法官批准行使逮捕权、绕过监察体系由检察官员直接行使公诉决定权的情况"①。这种主张针对如逮捕等严重侵犯人身自由权的强制措施实行司法审查制度的观点在学术界有很多支持者，同时这种做法也是国际司法惯例。虽然由审判机关行使批捕权是最为理想的模式，但是笔者认为囿于我国当前《宪法》关于批捕权授权的相关规定，在现有的检察机关内部就批捕权进行重新配置应当是明智之举。目前，职务犯罪案件的批捕权是交由检察机关公诉部门实施的，这种模式一方面使审查逮捕环节仅剩下"象征意义"，无

---

① 童之伟：《对监察委员会自身的监督制约何以强化》，《法学评论》，2017年第1期。

法对监察委员会的调查活动的合法性进行事中监督；另一方面，我国检察机关很有可能在不久的将来会进行"捕诉一体"改革，一旦侦查监督部门与公诉部门进行合并，则由合并后的新部门统一行使批捕权便无可厚非。但是同一部门兼具批捕权和公诉权，却可能会形成利益共同体，本部门批准逮捕的案件一定会力争向法院移送起诉。这种行为严重违反了检察官的客观义务，破坏了案件办理的公正性。

　　基于上述原因，笔者认为未来捕诉模式的改革应当以"部分合并分离模式"较为可取，即将原先的侦查监督部门的权能进行剥离，把批准逮捕权能和侦查监督权能分解开。其中，批准逮捕权由检察机关内部新成立的具备更为明显中立性的批捕部门①享有并行使，而侦查监督权能则由合并后的侦诉部门集中行使。关于建立该模式的设想在本书第三章中已经做了较为详细的阐述，而针对职务犯罪案件的批捕权归属最为合理的抉择是交由具有中立性的批捕部门享有并行使，经过适度司法化改造的中立批捕部门能够从司法层面对限制人身自由的司法措施和侦查手段进行规范和制约，以司法监督的方式充分保障犯罪嫌疑人的基本人权不受侵害，最大限度地实现程序正义。未来还可以考虑逐步将冻结、查封、扣押、留置、搜查等具有限制公民财产权和人身自由权的强制措施纳入中立批捕部门的审查批准范围内，以建立更加完善的调查权力制约机制，实现对职务犯罪调查活动的全程监督。

---

　　① 依据部分地区的试点经验，笔者认为可以通过对检察机关批准逮捕部门进行适度司法化的改造，建立居中审查判断的"批捕庭"来行使审查逮捕权。

第五章　新刑事诉讼法修改背景下检察机关部分侦查权之现实思考

2018 年 3 月，第十三届全国人民代表大会第一次会议先后表决通过了《中华人民共和国宪法修正案》和《中华人民共和国监察法》，对于国家监察体制制度改革落实到国家宪法和法律层面而言，无疑是重大的里程碑。《中华人民共和国监察法》第十一条第一款第二项规定监察委员会对涉嫌贪污贿赂、滥用职权、玩忽职守、权力寻租、利益输送、徇私舞弊以及浪费国家资财等职务违法和职务犯罪进行调查。对于监察委员会而言，这也标志着其正式从法律层面取得了对该类案件的调查权。与之对应的，监察法对由监察委员会调查的职务犯罪案件如何与人民检察院的审查起诉工作进行衔接也做出了相应规定。2018 年 10 月 26 日，第十三届全国人民代表大会常务委员会第六次会议修订通过了《中华人民共和国人民检察院组织法》《中华人民共和国刑事诉讼法》，新的刑事诉讼法规定人民检察院对依照法律规定由其办理的刑事案件依法行使侦查权，在对诉讼活动实行法律监督中发现的司法工作人员利用职权实施的非法拘禁、刑讯逼供、非法搜查等侵犯公民人身权利、损害司法公正的犯罪，可以由人民检察院立案侦查。至此，人民检察院是否保留职务犯罪侦查权、保留多少职务犯罪侦查权的疑问已尘埃落定。

一、检察机关行使部分侦查权的正当性

职务犯罪侦查部门的整体转隶，符合当下监察体制改革的趋势，益于整体的反腐倡廉战略，但检察机关保留并行使侦查权是世界通例，符合我国历史沿革，也具有现实必要。

（一）检察机关享有部分侦查权符合法律精神

在大部分的大陆法系国家中，如德国、日本、法国、韩国、意大利的检察机关都有权进行任何案件的侦查活动，在侦查过程中始终居于主导地位，我国台湾、澳门地区亦是如此。即便是英美法系国家，检察机关也并非所谓"单纯公诉机关"，有权进行贪腐案件侦查的"严重欺诈办公室"同样听令于英国的总检察长。1990 年 9 月 7 日，第八届联合国预防犯罪和罪犯待遇大会通过的《关于检察官作用的准则》第 15 条规定："检察官应适当注意对公务人员所犯的罪行，特别是对贪污腐化、滥用权力、严重侵犯人权、国际法公认的其他罪行的起诉，和依照法律授权或当地管理对这种罪行的侦查。"这表明国际法认可检察官享有侦查权。[①]

（二）检察机关享有部分侦查权符合历史发展

作为社会主义法系国家，我国法律制度在其发展历程中移植借鉴了大量大陆法系国家的法律思想和制度，检察制度便是其中之一。我国检察制度的其中一项理论基础便是检察侦查理论，根植于法律监督思想。在这一思想下构建的检察制度，使得我国检察机关或者检察官历来都拥有公诉权和侦查权。1943 年公布的《晋察冀边区法院组织条例》中，就写明了检察官具有"实施侦

---

① 熊秋红：《监察体制改革中职务犯罪侦查权比较研究》，《环球法律评论》，2017 年 02 期。

查"的权力；此后无论是 1949 年颁行的《最高人民检察署试行组织条例》，1954 年颁布并实施的《宪法》《人民检察院组织法》，还是 1978 年《宪法》、1979 年《人民检察院组织法》均规定人民检察院享有侦查权，历经多次改革，一直沿用至今。[①]

（三）检察机关享有部分侦查权符合现实必要

首先，有利于提升监督的刚性。在过往的检察实务中，诉讼监督堪称效果斐然，就连本应属"柔性监督"的检察建议也往往可以得到采用，其重要原因是有着职务犯罪侦查权作为检察机关的后盾。就如孙谦所著《中国检察制度论纲》一书中指出的："检察机关对诉讼活动的监督必须与查办执法、司法不公背后的职务犯罪结合起来，才能有效地清除执法、司法领域中的腐败现象，这是检察工作多年来积累的一条重要经验。"[②] 现阶段，法律并未直接赋予检察机关对受监督对象采取处理手段的权力，而纠正违法通知书、检察建议等方式又欠缺刚性。人民检察院保留部分职务犯罪侦查权有利于弥补无权对监督对象进行处置的缺陷，防止诉讼监督职能的软化，坚持宪法对检察机关的职责定位；同时，检察机关保有适度的侦查权，可以作为对监察权的一种补充。不管是国内还是外国，侦查权通常并非是垄断的，适当时，可以视作存在交叉。根据现行的《刑事诉讼法》，检察院的机动侦查权就和公安部门的侦查权有着部分交叉。在我国香港地区，不仅仅是作为反腐主导者的廉政公署，检察机关亦可在必要时对自己查处的职务犯罪案件采取侦查措施。

① 李杨：《建国后我国职务犯罪侦查权之历史沿革及监督构想》，《攀枝花学院学报》，2017 年第 6 期。

② 孙谦：《中国检察制度论纲》，北京：人民出版社，2004 年版。

二、检察机关行使部分侦查权的现实性

（一）检察机关行使部分侦查权的范围

监察体制改革前，人民检察院有权直接立案侦查的案件主要包括以下几种：贪污贿赂犯罪、国家工作人员的渎职犯罪、国家机关工作人员利用职权实施的非法拘禁、刑讯逼供、报复陷害、非法搜查的侵犯公民人身权利的犯罪以及侵犯公民民主权利的犯罪，以及对于国家机关工作人员利用职权实施的其他重大的犯罪案件。现公布的新《刑事诉讼法》中保留了人民检察院对诉讼活动中进行法律监督时发现司法工作人员利用职权实施的非法拘禁、刑讯逼供、非法搜查等侵犯公民人身权利、损害司法公正犯罪案件的侦查权。国家监察机关完全涵盖了对公职人员的监察，由国家监察机关统一行使检察权，将公职人员涉嫌犯罪案件侦查权交由监察委员会，符合改革的精神和趋势；且在这一大的原则下，新《刑事诉讼法》将司法工作人员的部分犯罪侦查权保留给人民检察院，由检察院来进行侦查，会更具有关联性，更高效便利，也更能保证检察机关对诉讼活动的监督。

（二）检察机关行使部分侦查权的对象

根据新《刑事诉讼法》，人民检察院保留部分侦查权的对象仅限于司法工作人员，而根据现行《中华人民共和国刑法》第九十四条规定可知，司法工作人员，是指有侦查、检察、审判、监管职责的工作人员，而不包括监察人员。同时从国家的定位来看，监察委员会既非司法机关亦非行政机关，而是政治机关，行使的是调查权，而非侦查权。从现行相关法律法规看来，司法工作人员的范围内并不包含监察人员，监察人员如果有滥用职权进行非法拘禁、刑讯逼供、非法搜查等侵犯公民权利、损害到了司法公正的犯罪行为时，只能由监察委自行调查。虽然在新《刑事

诉讼法》颁布后，有高层将对象解读为司法人员不包含监察人员，但笔者仍认为有必要把监察人员涉嫌此类犯罪案件的侦查权，纳入人民检察院保留的侦查权范围内。因为，国家监察委员会对触犯法律的职务犯罪案件进行调查，其对刑事案件行使的调查权实质上就是侦查权。根据《监察法》的规定，监察委员会调查结束后，直接将案件移送人民检察院进入审查起诉阶段，使得这类案件没有侦查阶段，监察委员会实际行使了侦查职能，国家监察委员会应列入我国刑事诉讼主体范畴。同时，监察机关对公权力系统采取广泛的监察，并长期地日常性监察其运行，必然出现监察权也需要被制约的问题。虽然国家监察机关行使的实质是刑事侦查权，然而人民检察院本有的监督其运作的机会，却被以"调查"之名阻却了。

本着权力制约权力这一基本理念，人民检察院作为宪法定位的法律监督机关，同时宪法也要求监察机关办理职务犯罪案件，需要和审判机关、检察机关、执法部门互相协作，互相制约；检察机关也需具有对监察委员会进行监督的权利，应当将监察人员实施上述案件的侦查权，赋予人民检察院，这样国家权力配置方面也会更为合理，也可以避免监察委员会在调查监察人员实施上述犯罪案件中万一出现"调查"行为不当造成的声誉损失。[1] 笔者认为，当下各已有部门的司法体制改革业已达成、国家监察体制也初具规模，因此需要对刑事诉讼活动的主体再次定义，可以在进一步制定刑事诉讼法配套规定中将"司法工作人员"之表述扩大为"司法工作人员和监察工作人员"。

（三）监察委员会和检察机关行使部分侦查权的衔接

依照《监察法》的规定，实际上监察委员会可以对所有职务

---

① 张建伟：《法律正当程序视野下的新监察制度》，《环球法律评论》，2017 年第 2 期。

犯罪进行"调查"，包括新《刑事诉讼法》所提到的司法工作人员利用职权进行的非法拘禁、刑讯逼供、非法搜查等侵犯公民人身权利、损害司法公正的犯罪案件。那么当发现这类案件时，究竟该由何种部门立案侦查？笔者认为，现行监察法已经规定，各部门对于发现的检查对象涉嫌违法犯罪的线索应当移送监察委员会；人民检察院发现司法工作人员利用职权实施的非法拘禁、刑讯逼供、非法搜查等侵犯公民权利、损害司法公正犯罪的问题线索后，有两种选择：一是应当移送监察机关，由监察机关依法调查处置；二是基于工作的便利性和实效性，经与监察委协调、协商后，人民检察院可以行使侦查权。如果检察院在行使侦查权的过程中，又发现对象还涉嫌贪污贿赂等职务犯罪问题，应请示以监察机关调查为主，人民检察院予以协助。

三、检察机关行使部分侦查权的资源配置

（一）检察机关行使部分侦查权的部门配置

保留的部分职务犯罪案件的侦查权，主要是司法工作人员或者监察人员利用职权实施的非法拘禁、刑讯逼供、非法搜查等侵犯公民人身权利、损害司法公正的犯罪案件，这类案件一般由履行不同检察职能的部门在实施对应的法律监督过程中更容易发现。如侦查工作人员实施上述行为时，负责审查逮捕、起诉的部门更容易发现；审判工作人员实施上述犯罪行为时，审查起诉部门和民事行政部门更容易发现。由这些部门来负责实施对应案件侦查权，更容易发现案件线索，可以节省司法资源，提高司法效率。但是由于存在业务上的交集，这些部门与对应部门涉嫌犯罪的工作人员接触较多，可能存在影响司法公正的情形。同时侦查有着一定专业性，行使侦查职能需要一定专业技能。因此，人民检察院有必要成立专门的部门来负责实施此类案件的侦查权。其

他部门在具体工作中对查出的此类线索，应当交由成立的专门部门处理。当然，也有部分检察机关在新的刑诉法颁布后会将职权划给监所部门，理由是原有的监所部门承担了部分职务犯罪案件的侦查工作。不管是在原具有侦查职能部门的职能再配置还是专门成立部门的再运行，都是专业部门的负责形式，均能够有效保证此项权力的运行承担。

（二）检察机关行使部分侦查权的级别配置

在大部分职务犯罪案件由监察委员会负责调查处理的情况下，人民检察院所保留的具有侦查权的案件范围已经很小。同时，根据过往实践，司法工作人员利用职权实施的非法拘禁、刑讯逼供、非法搜查等侵犯公民人身权利、损害司法公正的犯罪案件很少，很多地方多年不曾发生此类案件。因此，笔者认为，鉴于此类犯罪的偶发性，暂无必要在基层部门专门设立职务犯罪侦查部门，可以在地市级以上的人民检察院设立职务犯罪侦查部门，来实施辖区内所有这类案件的侦查权。这样既能实现资源优化配置，也能减少侦查阻力，提高司法效率。

虽然《监察法》已经正式实施，监察委员会正式从宪法与法律层面取得了职务犯罪案件的调查权，但围绕国家监察体制改革、司法体制改革、人民检察院应当如何充分运用并行使好有限的部分职务犯罪案件的侦查权以及与监察委员会之间相互衔接等问题，都值得我们继续思考和探究。职务犯罪侦查部门人员转隶之后，人民检察院后续在实际工作中对该类案件的侦查权能否有效行使也需时间的考察，监察委员会实施自身职权也才刚刚起步，尚待往后进行总结经验与教训，此后也还需要分析各地的实际情况，再从立法层面予以改进和完善。

第六章 公诉部门提前介入引导侦查机制的实证辨析

一、提前介入引导侦查机制的理论构造

党的十八届四中全会通过的《关于全面推进依法治国若干重大问题的决定》（以下简称《决定》）宣示："推进以审判为中心的诉讼制度改革，目的是促使办案人员树立办案必须经得起法律检验的理念，确保侦查、审查起诉的案件事实证据经得起法律检验，保证庭审在查明事实、认定证据、保护诉权、公正裁判中发挥决定性作用。这项改革有利于促使办案人员增强责任意识，通过法庭审判的程序公正实现案件裁判的实体公正，有效防范冤假错案产生。"以审判为中心的诉讼制度改革是我国司法改革进程中的重大举措，它不仅涉及司法机关内部的重心调整，也影响着整个刑事诉讼结构的制度安排和权力配置。[①]

从司法运行角度看，承担国家公诉职能的检察机关，在衔接侦查与审判二者中起到重要作用。审判是在公诉的基础上进行的，而公诉又是在侦查的基础上进行的。侦查服务于公诉，公诉服务于审判，侦查和公诉作为统一的审前程序都服务于审判的最终目的。现阶段检察机关行使公诉职能的路径就是将侦查机关收

---

① 石茂生：《以审判为中心的检察权利规范化》，《法学》，2016 年第 8 期。

集提取的证据材料经审查后提交至审判机关进行审理裁判。《决定》中要求"确保侦查、审查起诉的案件事实证据经得起法律检验"。这就意味着检察机关应对相应侦查机关收集到的证据把好质量关,做到"三有",即对单个证据的形成心里有底,对证据链条及证据体系的完成心中有数,对庭审上证据的质证、抗辩心中有谱时,才能将案件提起公诉。想要实现上述要求,顺应以审判为中心的诉讼制度改革,检察机关就必须将公诉职能向侦查阶段延伸,对审前程序形成主导,使公诉部门对侦查机关所提交材料的全部获取过程,其方式方法、合法性、完整性、全面性诸方面都能够有畅通渠道获悉,能够有可供操作的办法审查核实,从而确保收集在案的证据能够形成完整的证据链条和完善的证明体系,确保提交至法庭的证据能够经受住庭审的质证和考验。提前介入是公诉权向侦查权的合理延伸,是为了更加有效地行使公诉权,保障胜诉率而实施的一项工作机制。[①]

2015 年 7 月,《最高人民检察院关于加强出庭公诉工作的意见》(以下简称《意见》)中在进一步加强庭前准备工作中提出"积极介入侦查引导取证。对重大、疑难、复杂案件,坚持介入范围适当、介入时机适时、介入程度适度原则,通过出席现场勘查和案件讨论等方式,按照提起公诉的标准,对收集证据、适用法律提出意见,监督侦查活动是否合法,引导侦查机关(部门)完善证据链条和证明体系。"2015 年最高人民检察院工作报告中首次提出"推动建立重大、疑难案件侦查机关听取检察机关意见建议制度";2016 年工作报告要求"研究建立重大疑难案件侦查机关听取检察机关意见和建议制度";2017 年工作报告提出"充分发挥审前主导和过滤作用,探索建立重大疑难案件侦查机关听取检察机关意见和建议制度"。上述文件关于提前介入的表述从

---

① 陈泽宪:《公诉权的合理延伸》,《检察日报》,2002 年 7 月 15 日,第 3 版。

"推动建立"到"研究建立"再到"探索建立",清晰地展示了这一制度在制度层面从理论到实践的整个过程。① 公诉部门对重大疑难复杂案件提前介入引导侦查取证机制实际上是对公诉部门把好证据质量关建立了一条证据质量检测线,公诉部门可以通过这条质检线,运用各种"检测工具""质检方法"对侦查机关收集的证据进行质量检测,以期能够顺应以审判为中心的诉讼制度改革的需要。

二、提前介入引导侦查机制的运行现状

笔者对 S 省检察院公诉部门提前介入的案件情况进行了调研,通过调研可以发现,该项工作机制在实际运行中呈现出五花八门、做法不一的情形,几乎背离了这项制度设计之初的本意。

(一) 存在问题

1. 介入案件少且杂,多以侦查机关需要而定

调研中发现,第一,S 省公诉机关提前介入的案件占比参差不齐。A 市和 S 市近 3 年来提前介入案件数量分别占受理案件的 6.7% 和 11.8%,这个比值处于全省中游水平。近 3 年来,介入数量较少的 B 市、Y 市、X 市等地,占比仅为 0.78%、0.27% 以及 0.02%;占比最高的是 H 市 H 区院,但也仅为 15%。第二,S 省公诉部门介入案件数量普遍偏低。X 市市区县两级院公诉部门近 3 年来提前介入的案件总数为 117 件,省会城市也才为 375 件。其中,省会市院公诉部门提前介入的案件仅有 17 件,而 H 市所辖的 7 个县区院的公诉部门近 3 年来竟无一起提前介入的案件。第三,公诉部门提前介入较为集中于可能判处 10 年

---

① 王贞会:《重大疑难案件检察引导侦查制度探讨》,《人民检察》,2017 年第 9 期。

以上有期徒刑的案件上。如 A 市提前介入可能判处 10 年以上有期徒刑案件占比约 75%，Y 市院占比约 68%。第四，由于介入案件多为侦查机关较为棘手或遇有困难的，加之侦查人员个人业务水平存在差异，就导致公诉部门介入案件种类繁杂不一，无固定范围。例如 S 市 S 区院介入的 38 人聚众斗殴案、L 县院介入的兰草盗窃案、X 市院介入的 26 人黑社会性质组织案等传统型案件。也有类似于 X 市 C 县院介入的多起盗掘古墓案、L 县院介入的非法猎捕野生动物案、X 市院介入的倒卖文物案和间谍案等较为少见或新型的案件。

2. 介入主动性不强且时间不定，多以侦查机关通知而定

调研数据显示，公诉部门提前介入案件的主动性不强，如 A 市院主动介入的案件仅为 9%，H 区院主动介入的案件占比最高，但也仅为 21.8%。一方面由于介入的案件多为侦查机关侦办中存在困难的案件，侦查机关何时遇到困难何时通知公诉部门介入，不可避免地导致公诉部门介入的被动性。另一方面，由于案件信息共享机制并未搭建，公诉部门在第一时间获悉需要介入案件的情况存有困难，也就导致介入主动性的不能和缺失。

正是因为公诉部门介入的被动性，又直接影响到介入时间的不明确、不固定。经调研 S 省近 3 年提前介入案件的时间多是在批捕后以及审查起诉前，偶尔极个别案件是在侦查机关立案后就介入。对于某些案件而言，这就会出现一些问题，例如群体性妨害社会秩序案，这类案件需要区分首要分子和从犯，需要以造成损害后果为要件，公诉部门的提前介入能够引导、提醒侦查机关注意收集证明这两方面情况的证据材料，比如证明犯罪分子地位作用的网络聊天或通信记录，相关横幅、标语、标牌等道具；比如通过拍照、鉴定等方式固定有形损害，通过调取案发区域视频、提取群众所拍视频、收集相关媒体报道中的信息等方式固定

无形损害。上述证据收集期较短，一旦错过合理时机，便很难再及时补充，导致介入效果明显弱化。

3. 介入主体不明，易导致与侦监部门衔接不畅

出现重大案件时，侦查部门通常第一时间邀请侦查监督部门进行提前介入。但由于侦监部门与公诉部门在证据质量的把握上还存在一定偏差，侦监部门更多的是关注现有证据是否足够令被侦查对象采取强制措施。侦监部门提前介入后多是从采取强制措施的证据是否足够充分这一方面进行引导取证。然而公诉环节需要对全盘证据包括有罪证据、无罪证据、量刑证据全部进行考量，对证据链条是否完善、证明体系是否形成进行审查。仅仅由侦监部门来进行对证据的引导侦查工作，不能满足公诉环节的需要。公诉部门错过了引导侦查的最好时机，就可能导致未及时收集证据的消逝和不复存在、收集不能、不可逆收集等问题的出现，从而导致证据链条出现断裂，证明体系出现缺口，影响公诉。实践中存在多起案件，侦监部门认为不够罪未予批捕，侦查人员通过私人关系与公诉部门检察官进行案件沟通后，在公诉部门检察官的引导下，通过补充提取多份关键性证据，最终将嫌疑人定罪判刑。

除此之外，实践中还存在对于提前介入案件，侦监与公诉两个部门之间存在沟通衔接方面的问题。在捕诉分离的检察机关，这种沟通多为不畅。公诉部门几乎对侦监部门提前介入后发现的问题、引导侦查的具体内容、侦查机关的反馈信息等一无所知，公诉部门在案卷材料中反映不清时只能要求退补。然而一旦嫌疑人被采取强制措施后，由于公诉部门无相关制约机制，侦查机关也无考核压力，导致侦查人员对公诉部门的退补要求普遍呈消极态势，不仅影响工作效率还影响检察机关的威信。反过来，侦查机关还会认为侦监部门已经提前介入案件还出现如此多需要补查和完善的证据材料，说明提前介入机制毫无意义，存在价值不

大，从而抛弃、抵制该机制的运行。

4. 介入形式座谈化，易导致意见发表偏差

通过调研可以发现，实践中公诉部门介入的主要方式就是通过座谈会的形式听取侦查人员对案件侦办情况的汇报，介入检察官根据侦查人员汇报的信息提供取证引导意见。通常，侦查人员在案情汇报中多倾向于或习惯于汇报有罪证据、罪重证据，而对无罪证据及罪轻证据基本隐去或忽略。介入检察官在没有查看全部卷宗材料及电子证据的情况下，仅据此发表的取证引导意见往往容易出现偏差。例如，实践中就出现过，侦查人员汇报时说现场监控视频能够清楚地看到嫌疑人腋下夹着一个皮包从案发现场走出。但当案件进入审查起诉阶段，公诉部门办案人查看了所有案卷材料才发现监控视频根本无法看清楚嫌疑人腋下夹有东西，且嫌疑人有多项证明无罪的证据材料在提前介入阶段侦查人员根本未予提及。这就导致介入检察官前后发表的取证引导意见方向性、内容性的改变。这种情况不仅影响工作效率，影响介入成效，而且容易造成侦查人员对之前介入检察官意见发表的不满和误解。侦查人员会质疑为什么在提前介入阶段检察官没有发表如此意见。

5. 介入方式口头化，易导致程序随意、不规范

调研发现，S省几乎不存在检察机关介入案件后制作或填写相关函件、登记表的情况。介入程序的启动多以侦查机关口头通知，由领导口头安排检察官介入。介入检察官意见的发表也普遍是在案件座谈会上口头提出证据提取的引导意见，甚至有时检察官通过电话沟通的方式听取侦查人员案情的汇报后提出引导意见。办案后期相关领导对于介入时间、介入情况、介入时意见的发表、侦查机关的反馈等情况无从查询，顶多是在办案人的工作记录上获悉相关内容。这种做法不仅不规范，随意性大，而且不

利于对介入工作的总结、提高。

6. 介入程度难以掌握，易导致负面效果

根据前述可知，公诉部门检察官提前介入的案件多为侦查机关办理困难，存在困惑或难点的案件，这类案件多为罪与非罪案件或双方涉案人员矛盾较大的案件。介入后，侦查人员往往要求检察官对案件如何侦查、是否继续侦查、如何与涉案人员沟通及如何化解矛盾等问题发表意见。由于上述问题多与证据的收集提取关系不大，介入检察官对上述问题的意见发表有越界、包揽、包办嫌疑，检察官是否发表，如何发表都不好把握。如若意见发表不当，致使侦查机关会告知涉案闹访人员这是检察机关的意见，将导致矛盾转移，使闹访人员频繁前往检察机关闹访，对工作的开展和矛盾的化解未能起到积极作用。

7. 介入人员先期指派，易导致与轮案制度衔接不畅

调研发现，以往实践中普遍实行的是谁介入谁主办的原则。提前介入检察官多是领导口头指派有经验有较高业务素质的检察官担任。案件移送到检查部门后，领导可以继续安排由其继续办理。然而在实行案管系统自动轮案机制后，提前介入检察官是否能轮办该提前介入案件却无法得到保证；若换由另一名检察官办理该案，又需重新了解案情，了解侦办经过，梳理证据，影响工作效率。

（二）成因剖析

问题只是表征，究其根源，制度运行过程中之所以出现这么多的问题根本原因在于，公诉部门对重大疑难复杂案件提前介入引导侦查这一工作机制没有上升到立法的层面，即我国《刑事诉讼法》并未对公诉部门提前介入疑难复杂案件引导侦查机制做出具体规定。现有原则性规定还是针对侦监部门介入的表述，如新的《刑事诉讼法》87条："公安机关要求逮捕犯罪嫌疑人的时

候，应当写出提请批准逮捕书，连同案卷材料、证据，一并移送同级人民检察院审查批准。必要的时候，人民检察院可以派人参加公安机关对于重大案件的讨论。"

关于公诉部门提前介入重大疑难复杂案件引导侦查机制主要出现在下列规则和内部文件中：最高人民检察院制定的《人民检察院刑事诉讼规则（试行）》第十一章审查起诉章节第 361 条："对于重大、疑难、复杂的案件，人民检察院认为确有必要时，可以派员适时介入侦查活动，对收集证据、适用法律提出意见，监督侦查活动是否合法。"第十四章刑事诉讼法律监督章节第567 条："人民检察院根据需要可以派员参加公安机关对于重大案件的讨论和其他侦查活动，发现违法行为，情节较轻的可以口头纠正，情节较重的应当报请检察长批准后，向公安机关发出纠正违法通知书。"及高检发诉字〔2015〕5 号《意见》中的规定。上述规定多为柔性的、原则性概述，制约性、操作性不强。当今刑事司法体制中公诉部门介入侦查多以"行政合同"①的方式推行，即通过本地的公诉部门和公安机关讨论明确如何进行引导侦查，对何种类型的案件进行引导侦查。这种由地方公诉部门与公安机关联合制定的具体机制、工作办法由于层级偏低，无强制力，多仅存在于文件中，实际操作性不强。检察引导侦查的成效大多取决于侦查机关和检察机关合作的密切度。

为顺应以"审判为中心"的诉讼制度改革，检察机关的司法标准也应提高，检察机关对证据收集、固定的合法性需做到心中有数，对侦查过程和破案经过充分了解，对证据之间的关联性证明体系的构建然于胸。若要达到上述这些目的，检察机关就必须充分发挥出审前主导作用。2016 年 3 月，《最高人民检察院工作

---

① 但伟、姜涛：《侦查监督制度研究——兼论检察引导侦查的基本理论问题》，《中国法学》，2003 年第 2 期。

报告》中正式提出，"推进以审判为中心的诉讼制度改革，全面贯彻证据裁判规则，充分发挥审前主导和过滤作用，健全听取辩护律师意见机制，防止案件'带病'起诉，确保侦查、起诉的案件事实清楚、证据确实充分，经得起法律和历史的检验。"为发挥审前主导作用，必然需要令检察机关对侦查行为进行领导或指挥。樊崇义教授也提出："（在落实以审判为中心时）检察机关是审前程序的主导者，要考虑如何构建一个完备的审前程序，如何建立一个检察机关主导的'大控诉'格局。"[①] 在法国，《法国刑事诉讼法典》第 41 条规定，检察官有权领导其辖区内警察的所有侦查行为。警察须得听从检察官指示，且只负责初步侦查。一旦检察官抵达现场，警察就将失去侦查权，把所有的侦查材料都送交给检察官，由检察官本人继续侦查。检察官也可以指示警察继续侦查。[②] 在德国，检察官的职责之一是领导侦查，即指挥警察进行侦查活动。警察被看作检察官的助手，警察进入刑事诉讼有两种方式，一种方式是获悉犯罪发生时主动进行侦查，但仅限于首次侦查行动，随后应立即向检察官报告；另一种方式是应检察官的指示而采取的侦查行动。[③] 在日本，警察和检察官都是侦查主体，警察是侦查的首要承担者，但检察官也在侦查中发挥着重要作用。虽然现实中大部分侦查活动都是经警察之手进行，但原则上检察官才是侦查的主导者，警察是检察官的助手。警察进行的是初次侦查，即在发现犯罪时立即侦查犯罪嫌疑人和收集证据；检察官进行的是补充侦查，可以自行侦查也可以指挥警察进

---

　　① 陈光中等：《以审判为中心与检察工作改革》，《国家检察官学院学报》，2016年第 1 期。

　　② 王以真：《外国刑事诉讼法学》，北京：北京大学出版社，1994 年版。

　　③ ［德］托马斯·魏根特：《德国刑事诉讼程序》，岳礼玲、温小杰译，北京：中国政法大学出版社，2004 年版。

行侦查。① 从上述可以看出，大陆法系国家中，检察官在侦查中居于指挥领导地位，而警察的主要职责为提供协助。英美法系国家虽然是侦诉分立，但警察仍有责任协助检察官指控犯罪，因此检察官参与甚至指挥侦查是未来的发展方向。

然而我国《宪法》第135条和《刑事诉讼法》第7条中明确规定，侦查机关与检察机关在审前阶段并无隶属关系，两者分工负责，互相配合，互相制约。实践中就有着二者之间空有配合，而没有制约的弊端，检察机关无法主导侦查活动。而以审判为中心的诉讼制度改革又需要在审前工作中以检察机关为主，通过对侦查活动的主导，实现庭审实质化之需要。当前"审前主导"牵涉到的最大理论障碍是审前程序中检警关系，这是一个非常著名的理论难题，在短期之内根本无法形成共识。此时，我们可以选择有价值的若干制度进行突破，这样可以有效地及时推进以审判为中心的落实，同时也可以逐渐营造出新的司法环境，反哺于理论，给理论发展提供新的素材，待到理论准备和实务环境成熟的时候再进行整个体制上的重大调整。② 提前介入引导侦查机制就是有价值的若干制度之一，其落实和有效实施能够及时推进以审判为中心诉讼制度改革的落实，能够使检察机关顺应时代的需要，跟上社会发展的步伐。

又如前所述，《刑事诉讼法》虽然已赋予检察机关的侦查监督部门提前介入重大疑难复杂案件的权力，但是侦监部门仅注重对现有证据中有罪、罪重证据的审查，对无罪、罪轻证据的关注，对证据三性的考量，对证据链条及证明体系完善程度的论证职能，因而都没有公诉部门审查、考虑的全面。因此，侦监部门

---

① ［日］田口守一：《日本刑事诉讼法》，刘迪等译，北京：法律出版社，2000年版。

② 崔凯、彭魏倬加：《检察机关"审前主导"的客观阻碍和实施进路》，《湖南社会科学》，2016年第5期。

对重大疑难复杂案件的提前介入引导侦查无法满足公诉部门参加庭审的需要，对公诉部门适应庭审实质化转变的帮助微乎其微。在立法层面上应当赋予检察机关的公诉部门对重大疑难复杂案件享有提前介入引导侦查的权力，唯有如此才能充分发挥相应的审前主导作用，也才契合以审判为中心诉讼制度改革之需要。

三、提前介入引导侦查机制的价值解析

对于适应以审判为中心的诉讼制度改革，公诉部门提前介入引导侦查机制有着关键价值，体现在下列几个方面。

（一）有利于防止冤假错案的出现

在过去的几年里，云南孙万钢案、河北聂树斌案、内蒙古呼格吉勒图案以及河南胥敬祥案等冤假错案经媒体曝光后，在网络上引发了较大的讨论。冤假错案的危害之大，不仅对当事人本人及其家庭都造成了无法弥补的伤痛，也会降低司法机关的公信力，声讨以及不信任的声音比比皆是，一切的辩解与说明都难以令公众采信。错案背后的主因并不止一种，同样也会出现在侦查以外的各个阶段中，但是"中外刑事诉讼的历史已经反复证明，错误的审判之恶果从来都是结在错误的侦查之病枝上的"[①]。虽然一再强调坚持疑罪从无，但对侦查机关侦查终结的瑕疵案件，法院不得已往往只能做出"留有余地的判决"，这恰恰是可能造成冤假错案的不定时炸弹。[②] 大量理论与实践说明，冤假错案的产生与侦查阶段错误的行为密不可分。侦查是诉讼程序的起点，在侦查过程中对刑事错案的过滤和审查，有着从最开始防止冤案产生这一巨大意义。公诉部门对重大疑难复杂案件提前介入引导

① 李心鉴：《刑事诉讼构造论》，北京：中国政法大学出版社，1992 年版。
② 沈德咏：《我们应当如何防范冤假错案》，《人民法院报》，2013 年 5 月 6 日，第 2 版。

侦查机制就是为防范冤假错案，该机制提供了坚实的制度基础。公诉部门能够通过提前介入，及时发现不规范甚至违法的侦查行为，及时纠正，及时排除非法证据，保障犯罪嫌疑人能够依法享有应有权利，杜绝冤假错案发生，体现司法正义。

（二）有利于庭审实质化的改革

全国第六次刑事审判工作会议对庭审所具有的功能做了详细说明："审判案件以庭审为中心，事实证据调查在法庭，定罪量刑辩论在法庭，裁判结果形成于法庭，全面落实直接言词原则，严格执行非法证据排除规则。"以庭审为中心，强调经过控辩两方的一系列庭审活动，强调在实现审判中对证据认证及案件事实的理清与确认。庭审的重点并非只是对卷宗上的材料进行简单认定，而应该是在庭审中对控方提交的证据进行严谨的审查，也要积极分析辩方对证据提出的相关意见，对事实的认定必须以严谨的了解为基础，以此为本实现公正的审判。要使庭审证明产生真正的进步，核心在于坚定执行证据裁判原则。2010年"两高三部"联合发布的《关于办理死刑案件审查判断证据若干问题的规定》第2条规定，"认定案件事实，必须以证据为根据"，在我国首次确立了该原则。证据裁判原则就是要严谨收集、固定、保持、审查、使用证据，使其符合法定的形式，且具备证明能力；要严格执行法定证明标准，只有提交法庭的证据能够达到法定的证明标准，才能定罪量刑。要坚持执行证据裁判原则的话，作为承担公诉职能的检察机关，要对指控犯罪证据材料的数量、质量、体系在庭审上承担举证、质证、辩论的责任，要对瑕疵证据、非法证据在庭审上承担完善过程和排除过程的说明责任，要对举证不能在庭审上承担败诉的结果责任。正是因为公诉部门在庭审实质化转变中承载着上述诸多责任，才需要做好提前介入的引导工作，为公诉做好充分、充足、有效的准备，以便知己知彼、有的放矢、弹无虚发。

（三）有利于以证据为核心的刑事指控体系的建立

《"十三五"时期检察工作发展规划纲要》中提到，检察机关将构建以证据为核心的刑事指控体系，建立书面审查与调查复核相结合的亲历性办案模式，推行以客观性证据为主导的证据审查模式，实行技术性证据专门审查制度，重视瑕疵证据补正和定罪量刑关键证据补强，巩固、完善证据体系。以证据为核心就是围绕着证据进行案件事实的认定。建成以证据为核心的刑事指控体系，突出强调检察机关审查起诉作用，针对侦查阶段收集的所有证据进行全面的分析研究、审查判断，从证据的合法性、客观性、关联性等方面审查"犯罪事实是否清楚，证据是否确实、充分"。公诉部门提前介入引导侦查工作机制恰恰就是对以证据为核心的刑事指控体系的基础保障和前期准备。通过这一机制，才能确保使公诉产生应有的效果，才能于出庭时证明证据合法性时做到有的放矢，确保庭审在事实认定、证据审查、维护权益、弘扬正义中起到关键作用，树立检察机关的威信。

（四）有利于法律监督功能的实行

我国《宪法》将检察机关定位于法律监督机关，这就意味着检察机关有权力对侦查活动进行监督，对违法行为进行纠正。我国属于职权主义侦查模式，侦查机关拥有广泛、强大的侦查权。由于检察机关不直接参与公安机关的侦查活动，信息获取不及时，导致同步监督难以做到，无法及时阻却可能发生的违法侦查行为。刑事错案屡屡发生，也反映检察机关对侦查监督的被动性和滞后性。① 公诉部门对重大疑难复杂案件提前介入引导侦查机制就是其履行法律监督职能，及时发现并纠正违法问题的途径和

---

① 穆书芹：《侦查阶段刑事错案防范之侦查理念、行为与制度构建》，《中国刑事法杂志》，2016 年第 1 期。

渠道之一。公诉部门在引导侦查过程中的法律监督职责主要是刑事证据监督，担负着排除非法证据、审查证明标准等职责。①

（五）有利于司法责任制的有效落实

司法体制改革后，员额检察官需要为自身承办的案件质量承担终身责任。改革既然赋予了员额检察官如此重大的责任，就应当有相应的配套制度来保障员额检察官有自信对经自己审查提交至法庭的证据所认证的案件事实能够经受住历史的考验。这就需要授予员额检察官拥有审查核实、补充完善证据必要且有效的工作机制。公诉部门对重大疑难复杂案件提前介入进行引导就是该类工作机制之一。

四、提前介入引导侦查机制的改革路径

（一）立法建议

检察机关引导监督通常以《刑事诉讼法》的规定为法律依据，然而这仅局限在批准逮捕阶段，较难作为公诉部门提前介入的相应依据。《人民检察院刑事诉讼规则（试行）》及最高检有关内部意见难以拥有足够的效力，致使在立法层面上公诉引导侦查名不正言不顺，工作开展无底气、无约束力。笔者建议一是在修订相关法律时进行补充，使检察机关公诉部门能在必要时介入侦查，引导侦查机关依照庭审要求收集、固定证据；二是高检院与公安部联合制定出台《公诉部门对重大案件提前介入引导侦查工作细则》，就各项介入工作的开展条文化、具体化、制度化。

---

① 黄河、黄曙、王霞芳、张提、李根：《证据监督与防范刑事错案》，《人民检察》，2010 年第 6 期。

（二）制度建议

1. 介入案件范围

建议使提前介入案件的种类严格限于重大、疑难、复杂几种，主要有以下三种：一是严重危害社会治安的暴力犯罪案件；二是涉黑、涉众等涉及较广、取证较难的重大复杂案件；三是案情复杂的集团犯罪和经济犯罪。碰到上述三种情况，侦查机关需要及时告知检察机关，检察机关则应提前介入，引导进行侦查。

2. 介入原则

一是建议坚持"引导不领导、参与不干预、讨论不定论、配合不代替"的工作原则，既要从专业角度提出介入意见，又要充分尊重侦查活动的专业性。检察官主要是就证据有关收集、固定等工作发表意见，不能就具体侦查工作发表决策性意见。二是建议坚持适时介入，即兼具原则性与灵活性，提倡以同步介入为原则，其他时间介入为补充。[①] 对于较大程度危害到社会安定的暴力类犯罪建议案发后应该立即介入。

3. 介入程序

第一，建议介入案件时，侦查机关应向介入部门出具"商请介入案件侦查函"，公诉部门向侦查机关出具"派员介入案件侦查函"。第二，建议介入检察官提前介入后在发表意见前，除了通过参加案件座谈会或汇报会的形式了解案情外，必须查看案件材料及相关电子证据，根据不同案件的需要可以实地勘验现场，在此基础上，检察官应向侦查机关出具诸如"关于 XX 案侦查取证工作的建议"，侦查机关在一定时限里完善有关工作并出具"关于 XX 案侦查取证工作建议的回复"。

---

① 黄生林：《检察机关公诉部门介入命案侦查的制度构建》，《人民检察》，2017年第4期。

4. 介入配套制度

第一，建议设立检察机关与侦查机关之间的信息互通制度，对于上述所提种类情况的报案、立案、破案、侦查经过这些情况，应当与检察机关互通。检察机关可以随时查询这几类案件的信息情况。第二，建议有条件有需要的地区可以于侦查机关的派出机关设置专门办公室，及时获取突发的重大、紧急案件信息，确保公诉部门能够第一时间介入案件侦查。第三，建议有条件的地区可以在侦查机关设立引导侦查联系办公室，该办公室隶属于法制科，主要负责与公诉部门进行对接，及时联络、沟通引导侦查实施的情况，并及时向上级汇报。第四，建议公诉部门针对实践中出现的新问题、类案证据问题，及时制定《公诉证据参考标准和侦查备忘录》，将公诉案件的证据标准及时与侦查机关沟通，编写成有具体可操作性的提纲、标准和侦查备忘录，以备侦查人员在工作中参考。

第七章 刑事案件审查起诉阶段的补充侦查问题研究

一、审查起诉中补充侦查存在的问题

德国著名法学家拉德布鲁赫指出:"如果将法律理解为社会生活的形式,那么作为'形式的法律'的程序法,则是这种形式的形式,它如同桅杆顶尖,对船身最轻微的运动也会做出强烈的摆动。在程序法的发展过程中,以极其清晰的对比反衬出社会生活的逐渐变化。"① 程序正义是刑事诉讼法永恒追求的基本价值,司法实践中,公平公正都是法的正义价值的体现。公正与效率是现代刑事诉讼法的两大价值目标,两者相辅相成,相互依存。诉讼公正意味着诉讼效率,诉讼效率意味着诉讼公正。审查起诉阶段补充侦查制度是由我国特有的司法体制现状和诉讼结构模式所决定的,其对于完善证据体系、补充证据材料,提高刑事案件公诉质量具有积极作用。例如,在 S 省 C 市 W 区人民检察院之后五年,公诉阶段一次退回补充侦查的比例约在 25%,二次退回补充侦查比例约在 8%,80%左右的案件在审查过程中进行了证据补充,可见制度上的补充侦查与实践中的证据补充在司法实践中运用相当广泛。但是与之对应的,却是制度规定的粗略,导致

---

① ［德］古斯塔夫·拉德布鲁赫:《法学导论》,米健译,北京:商务印书馆,2013 年版。

在证据效力、制度设计、实践运行、配套措施等方面均存在问题，且现有的研究亦不够深入，具体来说主要表现在以下几个方面。

（一）立法存在缺陷

现有法律、法规及司法解释对公诉补充侦查规定过于粗略，导致在司法实践中应用出现障碍。我国规范性文件中对于其规定较少，仅在刑事诉讼法、公安机关办理刑事案件程序规定以及人民检察院刑事诉讼规则中有相关规定。《刑事诉讼法》第一百七十五条规定："人民检察院审查案件，对于需要补充侦查的案件可以退回公安机关补充侦查，也可以自行侦查。对于补充侦查的案件，应当在一个月内补充侦查完毕。补充侦查以二次为限。"《公安机关办理刑事案件程序规定》中对于退回补充侦查的次数与处理进行了规定。《人民检察院刑事诉讼规则》对于公诉补充侦查适用条件、补充侦查的次数与期限以及补充侦查的例外情形进行了规定，但是对于何种情况下适用退回补充侦查，何种情况下适用自行补充侦查，补充侦查的启动程序，补充侦查的权利救济等诸多程序性事项均未规定，导致在实践中出现自行补充侦查使用率极低、案件当事人对补充侦查缺乏救济途径、补充侦查滥用等诸多情况。

（二）程序启动随意

我国设立补充侦查制度的原意是为了保证打击犯罪，保证诉讼质量。补充侦查制度作为刑事诉讼程序的回溯形式，退回补充侦查只有在原侦查工作没有做完备，案件无法达到"事实清楚，证据确实充分"等条件时才适用。但是，在实际适用过程中，由于退回补充程序启动的手续过于简单，办案人员对于退回补充侦查这一补充证据手段相当依赖，一些检察人员为了避免工作中不必要的麻烦，以启动补充侦查程序作为证据补强的唯一手段，而甚少自行补充侦查或侦查部门联合侦查。甚至在实际工作中，很多地方的侦查机关和检察院在一定程度上都存在着借退回补充侦查来延长办案时间的现象。作为侦查机关，羁押期限届满，但案件缺少充足的证据，一些疑难、复杂的案件更是在延长侦查期限后仍然不能侦查终结，为了避免超期羁押问题构成程序上的违法，侦查机关就会在明知证据不足、不符合移送起诉标准的情况下，仍然将案件送往检察机关，检察机关也基于与侦查机关之间的关系问题而放任这一情况的出现。而对检察机关来讲，由于案件量众多，也存在以退回补充侦查的方式实现延长办案期限的情况。

（三）缺乏有效监督

由于法律规定较为抽象导致在实践中存在补充侦查缺乏监督的情况，一是侦查机关与检察机关相互推诿，导致案件"扯皮"；二是由于检察机关法律监督多为事后监督，案件退补后，侦查机关补侦情况无法实时跟进；三是缺乏救济机制，侦查机关缺乏申诉途径，检察机关针对消极补侦行为亦无有效监督手段，当事人及辩护人缺乏参与权；四是因补充侦查造成变相延长刑期等情况均缺乏有效的监督途径与方法。

（四）运行效果不佳

司法人员"重实体，轻程序"的理念在补充侦查中体现得尤为明显，一是退侦提纲撰写不规范，侦查人员只能获得粗略的案件信息，而不能正确把握检察人员的起诉思路和对证据的有效意见；二是退侦提纲撰写不全面，退回补充侦查提纲大多数没有对现有证据进行分析、没有对侦查方向进行详细论述，只有补充侦查的要求；三是部分侦查人员较少关注或者不关注退回补充侦查活动，侦查人员行为及认知很大程度上与其考核直接联系，他们通常不关心侦查终结的案件是否能够成功被提起公诉，最终是否能够获得有罪判决，补充侦查经常将案件放置一个月后再重新移送审查起诉，其补充侦查的结果也常以情况说明方式代替证据搜集。

二、域内外审查起诉阶段补充侦查运行现状

（一）域外审查起诉补充侦查的立法现状

1."检警一体"侦查模式下的补充侦查

侦查主体的规定决定着补充侦查活动的运行模式。由于各国诉讼结构及侦查权的不同，补充侦查的方式方法也存在区别。大陆法系国家作为职权主义的诉讼程序模式，其诉讼目的作为积极查明案件事实，因此其侦查上采用"检警一体"的模式，检察机关具有对侦查的指挥权及独立的侦查权。德国《刑事诉讼法》第160条规定："检察院一旦通过告发或者其他途径获悉有犯罪行为嫌疑的，需对事实情况进行审查，以决定是否提起公诉，并且检察院不仅要侦查对犯罪嫌疑人不利的情形，而且还要侦查对犯罪嫌疑人有利的情形，并且负责提取有丧失之虞的证据。"同时第163条规定："警察机关及警察官员应当毫不迟疑地将侦查结果送交检察院。"而且检察院对于所有犯罪均具有侦查权。[1] 在德国，检察院的附属官员负有执行地区检察院以及上级检察院的命令，而且各州的法律也都规定了哪类草案是检察院的附属官员，几乎所有的有经验的草案除高级官员外都是检察院的附属官员。因此，德国检察机关属于"检警一体"的诉讼模式，只有将证据收集完毕之后才能起诉，因此德国刑事诉讼中没有公诉补充侦查制度。法国刑事诉讼将证据分为初步侦查与正式侦查两个阶段，初步侦查由司法警察与共和国检察官负责，正式侦查由预审

---

① 《德国法院组织法》，第152条第1款。

法官或者预审庭负责。法国《刑事诉讼法》第 12 条规定:"司法警察职权在共和国检察官的领导下行使"①,第 41 条规定:"共和国检察官对违反刑事法律的犯罪行为进行或派人进行一切必要的追查与追诉行为",第 51 条规定预审法官在"共和国检察官提出的立案侦查意见书受理案件之后,或者只有在受理以民事当事人身份提出的告诉之后,才能进行案件侦查"。因此,法国的刑事侦查正式启动于预审阶段。在刑事侦查正式启动后,"共和国检察官可以在立案侦查意见书以及在侦查的任何阶段提出的补充侦查意见书中要求预审法官采取其认为有利于查明事实真相的任何行为,以及采取一切必要的安全措施,共和国检察官也可以要求列席参与其要求进行的侦查活动。为此,共和国检察官得调阅案卷,但应当在 24 小时之内归还"。预审法官对于补充侦查有异议的"应当在共和国检察官提出其意见书起 5 日内做出一项说明理由的裁定,在没有做出裁定的情况下,共和国检察官可以在 10 日内直接向上诉法院预审庭提出请求"②。但是在侦查终结,将案卷移送共和国检察官后,"共和国检察官立即将案卷和裁定移送应当审理案件、做出判决的法院的书记室"。由此可以看出,法国刑事诉讼中,补充侦查仅在侦查阶段,没有单独的审查起诉阶段,也就更没有公诉的补充侦查。奥地利《刑事诉讼法》第 20 条规定:"检察机关主导刑事侦查",同时第 101 条规定:"检察机关主导侦查程序并决定侦查程序的进度与终止"③,也就是说,只要检察机关要求侦查机关补充相关证据,侦查机关应当随时补充,且第 103 条规定:"检察机关可以自己进行侦查"。在"检警一体"的背景下,检察机关具有针对全部案件的侦查权及

---

① 《法国刑事诉讼法》,第 12 条。
② 《法国刑事诉讼法》,第 37 条。
③ 《奥地利刑事诉讼法》,第 101 条、103 条。

侦查指挥权。西班牙《刑事诉讼法》第 287 条规定："司法警务人员应当依其相应职权,毫不迟疑地执行检察院公职人员委托的核实案件事实、侦查犯罪嫌疑人活动",同时第 295 条规定:"除不可抗力外,司法警务人员应当在 24 小时内向司法当局或者检察院汇报其所调查的情况,违反该规定但尚不构成犯罪的,对其处以 250 至 1000 比塞塔的罚金。

2. 检警分离侦查模式下的补充侦查

在英美法系当事人主义诉讼体制下,其强调的是双方当事人在诉讼中的主体地位和诉讼作用,因此必然不会赋予检察机关过大的权力,其与侦查机关之间是独立并合作的关系。由于检察机关在侦查过程中不介入,仅是根据侦查机关搜集到的相应证据进行审查起诉,更不会直接侦查或是指挥侦查。在这种诉讼结构下,检察机关往往成为补充侦查的启动主体。在英国,"警察负责刑事案件的侦查,检察机关负责起诉。检察机关接到警察机关移送的案件后要进行审查,如果认为证明案件事实的证据不充分,检察机关可以要求警察补充侦查。如果警察不同意补充侦查,检察机关用以制裁警察的唯一手段就是对案件结束诉讼。在美国,侦查主要由警察实施。在联邦和部分州,对于重罪案件,大陪审团有调查权。检察机关除侦查法律规定由其侦查的案件和履行公诉职能外,在大陪审团审查起诉的案件中,还负责向大陪审团提供起诉书草案和有罪证据,并就法律问题向大陪审团进行解释,充当法律顾问"①。在美国司法实务中,案件侦查终结后,警察机关即向检察机关提交该案的罪行报告。检察官根据警察收集到的证据,判断控诉证据是否达到提起公诉的标准。检察官认为案件证据已经达到起诉标准的,可以决定提起公诉或建议大陪

---

① 刘兆兴:《两大法系国家检察机关在刑事诉讼中的职权比较》,《外国法译评》,1995 年第 3 期。

审团审查起诉；认为未达到起诉标准的，可以要求警察继续侦查或决定不提起诉讼。① 在加拿大，刑事侦查由警察机关进行，检察官没有侦查指挥权，但警察在侦查比较复杂的商业罪案时，对于如何采证往往要向检察官咨询。刑事案件的公诉由检察官负责。检察官决定起诉须考虑两个标准：一是证据的充分性；二是公共利益。检察官决定起诉时可以征求侦查机关、法律援助机构或公民的意见，但并不受其意见束缚，而是独立地作出判断。②

此外，如俄罗斯确立了以检察长启动补充侦查程序为主，刑事诉讼参加人建议为辅的启动模式③；日本检察官与司法警察职员都有独立的侦查权，但在侦查案件范围上无明确分工。检察官与司法警察职员是一种协作关系。④

（二）我国审查起诉补充侦查的制度现状

对于补充侦查的概念，我国学者有不同的表述。樊崇义教授将补充侦查定义为："侦查机关依据法定程序，对于案件部分事实不清，证据不足或者尚有遗漏罪行、遗漏同案犯罪嫌疑人的情形，在原有侦查工作的基础上作进一步调查，补充证据的一种侦查活动。"⑤ 陈光中教授认为补充侦查是指"公安机关或者人民检察院依照法定程序，在原有侦查工作的基础上，就案件的部分事实、情节继续进行侦查的诉讼活动"⑥；袁家盛教授的定义为："人民检察院在审查侦查机关移送提起公诉的案件时，认为主要

---

① 陈光中：《外国刑事诉讼程序比较研究》，北京：法律出版社，1988 年版。
② 袁红兵、孙晓宁：《中国司法制度》，北京：北京大学出版社，1988 年版。
③ 王然冀：《当代中国检察权》，北京：法律出版社，1989 年版。
④ 崔敏：《中国刑事诉讼法的新发展》，北京：中国人民公安大学出版社，1996年版。
⑤ 樊崇义：《刑事诉讼法学》，北京：法律出版社，2004 年版。
⑥ 陈光中：《刑事诉讼法》，北京：北京大学出版社，2002 年版。

事实不清、证据不足、尚有同案犯或新的罪行未查清，退回侦查机关进一步调查，补充证据的诉讼行为"①，几位学者均对补充侦查概念做出了定义。

我国的补充侦查自 1944 年《晋冀鲁豫边区太岳区暂行司法制度》中出现后，历经几次修改，从审查逮捕阶段到审查起诉阶段，从没有次数限制到现在两次为限，在保障人权、维护当事人合法权益上不断进步。现在我国的补充侦查制度属于一种混合式的补充侦查制度。从检警关系上来讲，我国的检警关系与大陆法系国家有着很大的不同，《刑事诉讼法》明确规定公检法三机关"分工负责、互相配合、互相监督"。因此，我国的检警关系还是采用的是检警分离的模式，检察机关对侦查没有指挥权；在监察体制改革后，侦查机关均享有独立侦查权，并不受检察机关指挥，与检察机关只是配合关系；在实践中，检察机关只有引导侦查的作用，侦查机关并不受检察机关控制，更没有报告的义务。但在补充侦查上，检察机关可以退回补充侦查，还可以自行补充侦查，检察机关对于所有的刑事犯罪都享有补充侦查权，引导侦查与自行侦查两种模式相互交叉，在选择上没有界限划分。同时也没有对补充侦查启动做出任何的限制，更无任何救济权，也无法对侦查机关怠于行使补充侦查权进行处罚，这导致我们国家在补充侦查制度这一方面较为混乱。

三、审查起诉阶段补充侦查制度的完善

刑事司法实践过程中，在审查起诉阶段退回补充侦查制度的存在，不仅有弥补侦查程序瑕疵、推动刑事诉讼向前发展的程序性价值，也有保障人权、惩罚犯罪的实体性价值，但目前补充侦

① 袁家盛：《刑事侦查学》，北京：中国政法大学出版社，2005 年版。

查机制存在的问题已经成为限制刑事诉讼不断进步的桎梏，亟须适当的立法调整①并完善相应的工作机制。

（一）细化自行补充侦查和退回补充侦查的适用范围

2018 年 10 月修订后的《刑事诉讼法》在第 175 条第 2 款规定了审查起诉阶段人民检察院补充侦查的两种方式，但这一规定并未对检察机关在需要补充审查时应当如何选择的问题进行明确，因而导致当前自行补充侦查适用率极低。因此，根据自行补充侦查和退回补充侦查的特点，明确自行补充侦查的适用范围，不仅有利于促进其切实有效开展，也有利于提升刑事诉讼流转效率和补充侦查质量。

1. 自行补充侦查的适用范围

"以审判为中心"的诉讼制度改革对员额检察官的"亲历性"提出了更高要求，这正与自行补充侦查中，检察机关自行补充调取、整理、完善证据的内在精神相契合。在这种大环境下，下列案件应当由检察机关自行补充侦查：第一，案件事实已经基本查清，指控犯罪的证据已基本达到确实充分的程度，仅对个别事实、证据存在疑问需要补充侦查的；第二，侦查机关与检察机关在案件事实认定方面存在较大分歧且难以达成一致意见的；第三，需调取的证据较为简单且易于收集的；第四，侦查员在侦查活动中明显具有倾向性，在案证据不符合证据三性或侦查活动严重违法，有可能影响案件公正处理的②。对于上述四类情形，检察机关可以通过自行讯问犯罪嫌疑人、询问证人或委托其他鉴定

---

① 《中国共产党第十八届中央委员会第四次全体会议公报》，人民网，http://cpc. people. com. cn/n/2014/1023/c64094-25896724. html，2018 年 10 月 3 日访问。

② 同时，刑事诉讼法规定检察机关在自行补充侦查过程中，在必要的时候，可以要求公安机关提供相应协助。需要注意的是，在此种情况下，补充侦查的主体仍然是检察机关，公安机关只起到配合、协助的作用。

机构鉴定等方式查清案件事实。

2. 退回补充侦查的适用范围

相较于侦查机关而言,检察机关并不具备更为先进和多样的侦查手段、侦察技巧和侦察设备;在面对案情事实和证据较为复杂的刑事案件时,检察机关并没有充沛的人力、物力来实现案件侦查活动的抽丝剥茧,因此,退回补充侦查的方式更适合案情事实和证据较为复杂的刑事案件。

(二) 强化诉前指导与侦查监督

1. 加强诉前指导进而实现诉前主导

检察机关审查起诉工作是连接侦查工作和审判工作的桥梁,补充侦查的出现本质源于案件侦查质量不高,而承担庭上指控任务的公诉机关为保证证据材料符合审判需要,就必须通过对重大案件提前介入、引导公安机关侦查取证等机制,实现检察工作关口前置,这不仅可以促使侦查活动服务于公诉工作大局,防止侦查游离于公诉之外①,也是优化侦诉关系的重要突破口。

2. 加强退查监督,确保补查效果

要明确实体公正和程序公正并重的退查监督标准,退回补充侦查不仅是对案件证据材料是否达到证据资格和证明标准的审查,也是对侦查活动是否合法的监督。既不能为了实体公正而突破相关规定,造成诉讼程序过分延宕,也不能为了追求程序公正而牺牲实体真实。②

---

① 陈瑞华:《诉讼监督制度改革的若干思路》,《国家检察官学院学报》,2009年6月,第17卷第3期。

② 隋宝玲:《从宏观和微观角度完善补充侦查制度》,《检察日报》,2018年7月1日,第3版。

（三）加快"捕诉合一"落地①

在现有检察机关内部权力运行机制下，侦查监督部门在审查批准逮捕环节是否能够发现侦查违法、瑕疵问题？这些问题是否在审查起诉环节前得到纠正？这些情况对于公诉部门承办人全面了解案情、提高退回补充侦查工作的效率具有极大意义。然而在捕诉信息并未共享甚至未同步的情况下，公诉承办人往往需要自行向原审查批捕承办人了解案情，既影响了办案效率也不符合工作规范。与此同时，在捕诉分离的职能配置下，介入侦查和引导侦查的多为检察机关的侦查监督部门，引导效果也大多缺乏公诉的大局观，仅仅止于逮捕的需要，引导效果自然也不尽如人意。

因此，在解决审查起诉阶段补充侦查制度存在的问题上，"捕诉合一"就具有极大的现实意义。从目前全国各地试点情况来看，实行"捕诉合一"意味着同一名员额检察官既负责案件的批准逮捕工作，也负责该案的审查起诉工作，区别于捕诉分离，员额检察官在审查起诉时就无须再花大量时间和精力去阅读案卷、熟悉案情、核实材料，进行同质化的重复性工作②。审查起诉阶段的工作重点便只需对出现变化的部分案件事实，以及审查逮捕阶段出具的相关补充侦查进行审查把关即可，从而可以减少退回补充侦查的概率并提高侦查工作的效率。

---

① 2018年7月25日，最高人民检察院相关负责人表示："下半年，各级检察机关要按照中央政法委关于优化机构职能体系的要求，继续深化司法体制改革，推动检察机关专业化建设，试行批捕起诉合一。"目前，"捕诉合一"改革工作已经在全国各地检察机关如火如荼地开展中。

② 邓思清：《捕诉合一是中国司法体制下的合理选择》，《检察日报》，2018年6月5日，第1版。

第八章 "捕诉合一"背景下的公诉专业化建设

党的十八届四中全会提出加快推进以司法责任制为核心的各项司法改革和以审判为中心的诉讼制度改革。随着司法体制改革的深入，特别是员额制检察官、司法责任改革的推进，各地检察机关纷纷探索内设机构整合、"捕诉合一"、公诉专业化等改革。① 作为办案主力军的基层检察院，"捕诉合一"以及公诉专业化改革势必对其造成巨大的影响和改变，如何走出一条既兼顾刑事案件质量和效率又适合国情的检察改革之路是目前亟须解决的问题。"捕诉合一"在理论界和实务界长期以来都存在巨大分歧，公诉专业化建设也正处于积极探索的阶段，如何配合司法体制改革，进行公诉专业化建设是当前检察机关面临的一大难题。

一、公诉专业化建设的背景

捕诉的合一与分离二者间的定义是相对的。前者的含义为在同一套体系内，使检察机关内部的一个职能部门同时身兼捕与诉两种权力，且承担有关法律监督责任的工作机制。而相应的后者的含义为，检察机关的一个职能部门只承担案件逮捕和起诉中的一项审查工作，另一部门则承担余下工作，两个部门之间监督彼

---

① 丁浩勇：《"捕诉衔接"机制研究》，《中国检察官》，2016 年第 11 期。

此的工作机制。

目前，检察机关都实行捕诉分离，逮捕权和起诉权分别由侦查监督部门和公诉部门分别行使，但是该设置也是 1996 年实行的。从检察机关捕诉关系的历史可知，自 1978 年检察机关复建以后的 20 年间，审查批捕和审查起诉作为人民检察院"刑事检察"工作中的具体业务活动，长期以来并没有依此划分相应的职能部门，而是将两项权力统一由"刑事检察部门"集中行使。与之相对应的内设机构设置是最高人民检察院设立刑事检察厅以及地方各级人民检察院和专门人民检察院设立刑事检察处（科）。虽然有的地方检察院分设有刑事检察一处（科）和刑事检察二处（科），分别行使审查逮捕和审查起诉权，但在最高人民检察院的内设机构序列和工作规定中，审查逮捕和审查起诉仍然只是一个内设机构所行使的两项职权而非两个彼此独立的业务部门。直至 1996 年最高人民检察院在全国检察机关第二次刑事检察工作会议上提出批捕、起诉分设两个机构的要求后，最高人民检察院的刑事检察厅于 1999 年分设为审查逮捕厅和审查起诉厅，2000 年审查批捕厅更名为侦查监督厅，审查起诉厅更名为公诉厅。至此，审查逮捕部门和审查起诉部门成为检察机关内部各自独立的两大职能部门。① 但是随着经济社会不断发展，为解决案多人少这个突出矛盾，适应不断变化的客观情况，部分地区的检察机关进而进行了捕诉合一的尝试。例如，深圳市人民检察院于 2000 年进行了"捕诉合一"的首度尝试，把原先的起诉一处改为刑检一处，起诉二处改为刑检二处，批捕处则改为刑检三处。刑检二处处理职务犯罪案件，刑检三处处理走私类案件，刑检一处处理除二、三处管辖外的其他案件。各处分别对自己负责的案件种类独立行使批捕与起诉的职能。

---

① 丁浩勇：《"捕诉衔接"机制研究》，《中国检察官》，2016 年 11 期。

由过去的发展历程来看，从 1978 年检察机关重建开始到现在的近 40 年里，捕诉二者间有过从合至分，再到各有分合的发展。"捕诉合一"是改革背景下检察机关应对专业性需要的必然选择。与社会经济的进步相对应的是，刑事犯罪也呈现出了愈发专业的趋势，提高检察机关的专业性以应对查办这一类型案件的需要已成为检察机关的必由之路。从 S 省 C 市 W 区人民检察院曾经办理的侵犯商业秘密、销售假冒注册商标的商品等知识产权类的案件，环境污染案件，侵犯公民个人信息案件，以及正在办理的"套路贷"系列案件等可以看出，犯罪涉及范围广，包括金融、环境、知识产权等领域，犯罪手段也在不断升级，取证难度加大，反侦查意识不断增强。在处理这种类型的案件时，不仅要求办案人员有足够的法律专业素养，同时也要求有各个与案件相关联领域的专业知识。但是当下的现实是，拥有这样专业知识、办案能力的人才较为稀缺，其中的员额检察官人数则更加少。因此，为了解决这样的问题，部分地区的检察机关成立了有专业知识的专门部门或是队伍，并采取"捕诉合一"的模式来处理。实践结果显示，"捕诉合一"在解决实际问题上有着良好的成效，经过这类专业化的实际操作，团队的专业素养有了显著的提高，各种能力都得到了锻炼，堪称一举两得。当下，部分地区已设立的各种专门办案机构都采取了"捕诉合一"的模式，从中就能充分看出这一模式更能契合司法实践的实际需要。

目前，检察机关如何进行专业化建设并没有明确的、统一的部署，从作者搜集的资料来看，很多检察机关都在对如何专业化分工进行探索。在讨论如何进行专业化建设之前，笔者认为有必要对公诉专业化建设有一个系统全面的认知，公诉专业化建设是何意？为何要进行公诉专业化建设？公诉专业建设的目标是什么？只有回答过上述问题，才能找到公诉专业化建设所需正确路径。

二、公诉专业化的概念

所谓专业化，意味着原先的工作群体在经历转变的过程后，逐步满足专业要求、转而承担专门职责且取得匹配的地位。司法制度的发展，同样是在不断地发生社会分工的基础上进行的，特别是市场经济条件下的高度社会分工的发展，法律在运行中必然将产生更加强调专业性的转变，也就是法律的专门化。而检察机关作为司法制度重要环节，它的职能属于这种专门化的产物，具体体现在两个方面：首先在于有着专门从事本身事务的职员；其次在于具有相对独立性的检察运行体制。公诉部门作为检察机关的核心部门，公诉职能的专业化是法律专门化进一步深化的要求。

所谓公诉专业化，是指在行使公诉权的过程中，为了实现公诉权承担的各项职能，在合理细化公诉权能的基础上，借助于优化诉讼资源配置和各种的体制建设来构筑的一种司法运行状态。[1] 从该定义可以看出，首先，公诉专业化是对公诉权能的合理细化。学界在公诉权能划分方面存在些许分歧，但是普遍观点在于，公诉权能应包含追诉犯罪、法律监督、预防犯罪、保障人权、服务社会等诸多权能。其次，公诉专业化区别于公诉专一化。由于公诉专业化立足于公诉权能的细化之上，将各种诉讼资源整合优化以使公诉权能够具体外化和发挥最大作用的一种状态。因此，其本质上不同于公诉的专一化，并不是将公诉机关变成一个只承担公诉职能的机关。最后，从权力的要素来看，权力的运作过程中首要的就是主体问题。权力主体便是指于权力的运作过程中居于主要驱动地位的要素。而这种权力主体除了个体而言，还应当包括组织，其次更重要的是程序和规则的设计。正如

---

[1] 张朝霞：《公诉权能的多元化与专业化》，《国家检察官学院学报》，2008 年第 6 期。

美国法学家罗伯特·S. 萨默斯说到的[①]，所有的法律制度都得借助于实际的程序运作才可能施行。一种好的程序设置，不仅能够实现程序正义，保障公平价值的实现，而且能够保障诉讼效益和效率的充分实现。与此同时，程序的顺利实施需要规则的保障。因此，在检察专业化的建成中，需要充分重视规则的规范化。其应当包含三个方面：一是提高人员专业化程序，二是提高组织部门专业化程度，三是提高程序和规则专业化程度。

三、公诉专业化的现实意义

公诉专业化是司法发展规律的体现，是伴随着法律专业化不断加强的趋势而必然导致的司法运行状态，也是维持公诉工作能够持续、科学发展的必然结果。

（一）公诉专业化是社会发展的现实要求

检察机关的公诉权与检察职能是同进同退的关系。检察官公诉权的本质是在控告犯罪行为这一过程中，由专门机关来统一行使其中涉及的权力，已经成为我国司法制度的重要元素。公诉权服务的职能也适应着社会新的需要而逐步完善，从惩罚犯罪、追求绝对的公平到保障人权，再到服务社会，其职能在不断地增加，涵盖了自诉权所无法涉及的打击、示警、教育、引导、预防等诸多方面。具有的功能的日益完善必将导致公诉权能进一步细化，而后则终究将实现公诉专业化的最终目标。

（二）公诉专业化是诉讼利益多元化的保护需要

任何法律关系的调整和法律行为的实施，其背后都存在着对各种利益的评价和选择，不同的评价和选择，形成了不同的价值

---

① 陈瑞华：《通过法律实现程序正义——萨默斯"程序价值"理论评析》，《北大法律评论》，1998 年第 1 期。

取向,公诉权的行使也不例外。刑事诉讼是国家解决和调节社会利益冲突的手段之一,其背后必然涉及多种利益的重叠和冲突。① 随着我国社会主义市场经济体制的发展,社会经济成分、利益关系和分配方式等愈加多样化,各种利益冲突不断出现,检察机关依法调整的社会关系也随之多样化和复杂化,公诉部门审查起诉和检察监督的范围进一步扩大。② 比如2018年3月2日最高人民法院、最高人民检察院所共同颁布实施的《最高人民法院和最高人民检察院关于检察公益诉讼案件适用法律若干问题的解释》,明确刑事附带民事公益诉讼这一新的案件类型,将生态环境和资源保护、食品药品安全领域的侵害社会公共利益的行为纳入刑法调整,以应对当下环境污染严重、食品药品安全隐患突出等问题。所以,只有切实地进行与完善公诉专业化建设,才能够解决日益突出的社会深层次问题,满足国家建设的更高要求。

（三）公诉专业化是刑事政策推行的有效保障

刑事政策仅指专门机关通过以预防犯罪为宗旨,来制定如何运用刑法及制度,打击、控制和预防犯罪的战略,主要划分为立法政策与司法政策。相比法律的稳定性要求,它可以是更为灵活的、多变的,以适应各种复杂的实际情况,借由施行有利于国家刑事政策的公诉政策,进而规范到公诉权与刑罚权的实际运作,更好地促进我国刑罚制度的发展。同时,也要根据不同刑事政策的不同目标,采取各自有别的一套标准与方法,这样才能够实现各个刑事政策所想要达成的效果,公诉权专业化对此而言则是必须的。现在推行的轻刑快办、嫌疑人认罪认罚制度就是最好的证

---

① 刘涛:《检察机关外部关系监督性之中外溯源》,《北方法学》,2010年第6期。
② 刘涛、张朝霞:《公诉专业化建设的路径选择》,《检察日报》,2008年5月6日,第3版。

明。针对被告人认罪的轻微刑事案件，承办人在办理时从审查报告的制作、审查起诉期限、简化庭审程序等程序，达到轻微刑事案件快速处理的目的。

四、公诉专业化建设的有益探索

为了达成前文所说的目的，我国近年来的检察改革进行了诸多有益的探索。其中的部分是关于检察官团队的专业化建设的，比如成立专业化办案组、检察官员额制改革，案件终身责任制；有的涉及制度建设和程序完善，如轻伤害刑事和解机制、轻微刑事案件快速审理机制、被告人认罪认罚制度等。检察机关通过上述有益的探索获得了丰硕的成果，大幅加快了公诉专业化建设的进程，捍卫了公平正义，节约了司法资源。

所谓"他山之石，可以攻玉"，放眼而观，各地检察机关在公诉专业化建设的有益探索，希冀为公诉专业化建设提供参考。J省J县检察院在专业化人员建设方面，针对警员的特长和风格，最大限度地发挥出了所有警员各自的最大作用，将已有的科室内5人办案团队具体划分为专门查办"职务犯罪案件""经济案件""黄赌毒犯罪案件""两抢一盗犯罪案件""交通肇事犯罪办案"等诸多小组，并进行专业的训练，提高专项案件的处理与办案能力。在各组内部一名警员只负责一种类型的案件，并进行种类案件之间的比较，利于梳理案情中的手法、特点、重点、难点等诸多方面，大幅提高了质量和效率。

J省H区检察院对受理案件进行大数据分析，根据案件的主体身份、涉嫌罪名、社会影响、难易程度等标准，将案件分成自侦案件、互联网及电信诈骗类案件、危害食品药品安全案件、传销案件等几种类型。为把每名办案人员的才能和特长发挥出来，公诉科建立"类型化案件+特色化组织"的分组办案模式，成立1名检察员、1名助理检察员和1名书记员搭配的三人办案小组，以检察员的业务能力、所具专长、工作作风和性格特点为主要依据，将案件分包到组。①

T市Y区检察院为提高办案效率，按照案件的繁简程度、类别、性质，将全部的案件做好分类，接着再按照各种案件的特点成立对应的专门团队。对于"被告人认罪"的轻微类型案件，选派人员高效处理，更看重对于流程的管控；对重大、疑难、复杂案件，则不惜人力物力详尽排查，对此类案件的处理更着重于保质保量。该院根据案件种类的不同采取不同办案方法的举措，提升了工作效率。

B市H区检察院为保护经济发展，打击知识产权犯罪，于2005年成立专业知识产权办案组，目前共办理侵犯知识产权类犯罪案件1225件2263人，有力地打击了侵犯知识产权犯罪，有效地保护了H区的知识产权，扩大了办案效果，锻炼培养了H区检察院的一批人才。H区检察院也连续三年获得"中国外商投资企业协会优质品牌保护委员会"颁发的知识产权保护最佳案例奖，更在2010年获得"品保委"授予的"2000—2010年中国知识产权和质量监督进步杰出贡献单位"称号。

截至当前合计处理了知识产权类犯罪案件1225起共2263人，有效遏制了该类型犯罪的产生，及时保护了产权人的合法权益，并以此锤炼了专业人员有关领域的专业素养。该机关也因此连续三年受到了有关保护协会选发的特别嘉奖，获赠荣誉称号。

对上述检察机关的探索梳理可以看出，公诉主体专业化探索主要包括两种，一是针对案件类型不同的分组办理模式，二是对检察人员进行组合形成办案组。对案件分类方面，各个检察机关不尽相同，有的根据案件的性质分成职务犯罪、经济犯罪、两抢

---

① 徐盛希：《精英团队是这样炼成的》，《检察日报》，2015年6月24日，第11版。

一盗犯罪等；有的根据案件的复杂难议程序进行分类，如简易案件、普通案件、经济类案件等；也有检察院同时根据多种标准对案件进行分类，如 H 区检察院，然后再成立相应的办案组对案件分类办理。对人员进行有效的整合，推广主诉检察官办案责任制，如 H 区的"1+1+1"模式①；也有 B 市 H 区的抽调一部分检察干警成立专业知识产权办案组，专门承办该类案件。

至于公诉程序专业化探索方面，各地检察机关也没有停下积极的探索。相较于对专业化主体的探索则比较少。一部分原因可能是笔者收集的资料有缺陷，另外由于刑事办案的程序已经由相关法律明确规定，且我国推广了一些刑事政策，因此对该部分的探索相对要少。当然也有对检察机关内部机构调整组合的组织专业化的探索，如 S 市人民检察院于 2000 年把原先的起诉一处改为刑检一处，起诉二处改为刑检二处，批捕处则改为刑检三处。各处分别对自己负责的案件种类独立行使批捕与起诉的职能。

S 省 C 市 W 区的检察院也就公诉专业化建设进行了很多有益探索，在人员专业化方面，确定了员额检察官责任制，由员额检察官带一个助理、一个书记成立一个办案小组，负责该组所有案件的审查起诉工作。也曾将案件分为简易案件和普通案件，简易案件快速起诉，侧重办案效率；普通案件侧重办案质量。在公诉程序专业化方面，一是要轻刑快办类案件在十日内起诉，与区法院会签关于侦查人员出庭、证人出庭的相关文件，确保办案可靠度，增加证人出庭率；与区公安分局签订侦查人员出庭作证的会签文件，还签订了关于毒品案件的办理指引、轻刑快办案件的取证指引、危险驾驶案件的证据指引，改善侦查机关办案效果，为高效高质的审查起诉夯实基础。

各地检察机关对公诉专业化的探索很难评价谁好谁坏，因为

---

① 即成立 1 名检察员、1 名助理检察员和 1 名书记员的办案组。

每个检察机关面临的实际情况不一样。比如 B 市 H 区，地处政治文化中心的北京，中关村的落脚地，该区国内外新型知名企业云集，侵犯知识产权的案件多发，因此成立知识产权办案组很有必要。但是地处内陆、经济不发达的地方，知识产权案件难求，根本没有必要成立知识产权办案组。因此，很难有一条放之天下而皆有用的专业化建设路径。但是我们从这些探索之中可以发现，所有的专业化建设均为了公诉职能能最大限度地发挥，具体表现为案件的高质高量高效的办理，让所有的诉讼参与人都能在司法机关的帮助下感受到公平正义。

第九章　新时期我国检察实践的前进方向

一、专注检察权的监督性和司法性

自侦权转隶后，检察机关需要对检察权的权力实质进行重新认识，以树立检察机关未来发展的指导理念，从而适应新时期工作需要。

（一）专注检察权监督属性的发挥

有学者认为，自侦权的剥离导致了检察机关失去法律监督机关的地位。[①] 但笔者认为，这反而更加突出了检察机关法律监督职能的纯粹性，是检察机关专注"修炼"法律监督能力的契机。我国的检察权是一个复合型权力，其中检察机关的侦查权（自侦权、补充侦查权）、批捕权和公诉权围绕刑事诉讼开展，这是世界检察制度的通例，也是检察制度的根本特点；法律监督权体现在对审判机关、侦查机关、执行机关和对行政机关行政行为的监督上，这些权力的实施基本独立于刑事诉讼活动，是我国宪法赋

---

① 论者认为，职务犯罪侦查权是我国《宪法》把检察机关定位为"国家法律监督机关"的主要依据和重要支撑，监察委员会取得职务犯罪侦查权，再加上对公职人员违纪与违法的调查权，实际上取得了远比此前检察机关更大的法律监督权。这样一来，监察委员会就事实上取代检察机关成为真正意义上的法律监督机关。参见胡勇：《监察体制改革背景下检察机关的再定位与职能调整》，《法治研究》，2017年第3期。

予检察机关普通诉讼机制塑造的检察权能以外的重要权能。可见，侦查权是传统检察权的组成部分，虽然在我国检察机关在法律监督机关的语境下被赋予了监督属性，但是其根本上并不属于法律监督权的权能之一。况且侦查权的行政属性也与检察机关的司法性有所冲突，所以自侦权的转隶不会损害检察机关的监督职能，反而能够把检察机关从对自侦权的依赖和偏好中拉回正轨，专注于法律监督职能的行使。因此，检察机关在未来发展中，应当回归并强化宪法给予检察机关的职能定位，使其成为名副其实的法律监督机关。

（二）要专注检察权司法属性的彰显

我国的检察制度继承和移植了列宁的检察权思想理论和苏联检察制度实践，检察机关在宪法层面的主要职能定位于法律监督，但这并不排斥我国检察权和检察机关的司法属性：一是从列宁对检察权的认识和苏联的实践来看，检察权是具有司法属性的国家权力，检察权和法院行使的审判权共同构成司法权，而非超越立法权、行政权和司法权之外的另一种国家权力；二是从传统检察制度来看，检察权以适用法律为目的，以独立判断和裁决的方式行使权力，同时具备一定程度的独立性，这是检察权司法属性的主要体现。然而我国的检察实践长期存在行政化趋向，与检察机关司法本位相冲突：一方面是因为侦查权强烈的行政色彩，而更主要的原因是受困于法律监督职能所形成的由上而下的行政化领导体制因素的影响；另一方面，由于监督权同样具有行政性，对法律监督权的重视也有可能强化检察权的行政属性。因此，为避免行政化的蔓延扩张遮蔽司法性的彰显，检察机关应当专注于检察权运行的司法化引导和改造，强调公开性、平等性、对抗性和独立性，不仅在刑事诉讼环节，更应该在检察监督方面保持依法规范、谦抑中立。

二、检察制度实践理念的更新

新时期，在职能转向和检察权重新配置的背景下，检察机关现有工作中的部分理念已经难以适应检察改革的形势和未来发展需要，继续坚持将不利于检察工作的开展。检察机关需要围绕检察权的"监督性"和"司法性"，重新自我审视，更新工作理念，以契合改革赋予的职权面向。

（一）树立"大公诉"理念

公诉权是检察机关权力，也是检察权最为重要的权能之一。在监察体制改革完成后，公诉工作在检察工作中的分量之大更是不言而喻。特别是在《民事诉讼法》与《行政诉讼法》明确检察机关在民事、行政诉讼中法律监督权和提起公益诉讼权的背景下，检察机关需更新狭义的公诉理念，树立包括民事、行政、刑事三大诉讼的"大公诉"理念，对公诉权能进行整合，形成"大公诉"工作格局，才能有效发挥法律监督职能，以适应新时期检察权的功能定位。

1. 注重公诉职能的横向融合

公诉有狭义和广义之分。狭义的公诉仅指刑事公诉，是检察机关代表国家对刑事案件提起并实施刑事控诉，要求受诉法院追究被控诉人刑事责任的法律活动。[①] 广义的公诉除包含刑事公诉外，还囊括了行政公诉和民事公诉两个重要组成部分。[②] 然而长期以来，无论是理论界还是检察实务界，大都将公诉等同于刑事公诉，没有对民事行政检察工作的诉讼职能充分重视，更不论将行政和民事公诉作为检察主责主业进行重点研究和工作拓展。检

---

① 龙宗智：《论检察》，北京：中国检察出版社，2013年版。
② 谢鹏程：《论检察权的性质》，《法学》，2000年第2期。

察机关自身在部门职能设置时也"自然"地只把刑事案件的审查起诉、出庭指控、抗诉等工作赋予公诉部门，而涉及民事、行政检察有关诉讼则排除在外，变相地将公诉和刑事公诉画上等号。诚然，刑事公诉是检察工作最为主要的业务工作之一，但是将公诉职能限缩在刑事范畴，不仅没有完全理解公诉是代表"公共利益"之诉这一原意，也没有完全契合检察院"法律监督机关"的宪法定位。笔者认为，检察机关的诉讼职能和监督职能向来不是彼此完全独立的，而是相互融合的；公诉职能亦是如此，一方面体现在审判监督依附于公诉而得以有效开展，另一方面也体现在以公益诉讼为手段的对私主体和行政机关的监督。因此，"大公诉"的理念首先也就意味着公诉职能不仅关注于刑事诉讼本身，而应同时注重其与法律监督和民事行政公诉职能的发挥和相互融合。

2. 注重公诉权能的纵深扩展

一般认为，公诉权有四项基本权能：公诉提起、公诉支持、公诉变更、上诉（抗诉）。侦查权是否属于公诉权，不同国家和地区存在不同理解。在我国，理论上通常不把侦查权视为公诉权的一部分，认为二者是彼此独立的。[①] 所以，检察机关行使公诉权一般不包含侦查活动，审查起诉期间的补充侦查均由移送案件的侦查机关行使；在确需自行补充侦查时（这种情况非常鲜有），也多由自侦部门代为行使。然而笔者认为，在目前改革背景之下，将检察机关的侦查权纳入公诉权权能范围十分必要，要树立起"大控方"的观念。一方面，侦查权与公诉权并非毫无联系，虽然其在性质、功能和程序等方面与严格意义上的公诉权存在一定区别，但作为公诉活动的准备，可以理解为公诉权的延伸。特

---

① 龙宗智：《论检察》，北京：中国检察出版社，2013年版。

别是改革后检察机关仅剩的补充侦查权，直接服务于审查起诉，更可将其视作公诉权的权能之一。另一方面，将侦查权作为公诉权的一部分，更有利于检察机关对侦查活动的指导监督。我国虽然未采取"检警一体"的制度设计，但是在刑事诉讼司法实践中检警协调不足、侦查监督不力、控诉能力受挫的问题仍然显著，而按照"分工配合、相互制约"的原则和庭审实质化改革的要求，侦查与公诉之间应该以公诉为主，侦查权受检察权的制约，才是合理的诉讼构造。① 同时，将侦查作为公诉的一部分，提升检察官的开展及指挥侦查（调查）活动的能力，特别是对证据的搜集、判断和运用熟练掌握的能力，无论是在公益诉讼前期调查核实环节，还是在与监察委职务犯罪案件衔接工作上，都颇有裨益。

3. 让检察机关成为"会说话的鱼"

在公益诉讼工作的探索时期，民事行政检察部门的"能力限制"和"经验不足"必然为工作初期带来困难，那么检察机关需要整合刑事公诉和民事行政公诉的力量，不仅在案件来源上强调全院"一盘棋"，在案件办理上也应以刑事公诉能力带动民事、行政公益诉讼案件的办理。同时，在办理公益诉讼案件时，还应当特别注重案件的办理效果。《美国联邦判例法》有一则"鱼儿对抗大坝"案例，讲述了美国环保社团为保护田纳西河中一种叫蜗牛鱼的珍稀鱼类，通过诉讼请求法院判决一个在河流下游的发电水库建设项目停工。经过8年间的多次诉讼，联邦最高法院最终依据《濒危物种法案》判令这项已投入7300余万美元且接近完工的大坝停止建设。该案促使美国国会正视立法的不足，修正了《濒危物种法案》，并决定成立"濒危物种委员会"——一个

① 龙宗智：《论检察》，北京：中国检察出版社，2013年版。

148

拥有巨大权力被称为"上帝使团"的机构，用会说话的法律保卫不会说话的濒危动物的生存利益。这一经典案例的影响力是巨大的，给我国检察机关办理公益诉讼带来重要启示：公益诉讼是"为民说话"，虽然有时困难重重、旷日持久，但是一例成功的公益诉讼带来的社会影响远远大于普通刑事诉讼，它直接保障民众和社会的普遍利益，体现检察机关对公益诉讼案件办理的充分重视和足够的耐心。同时，在案件的"数量"与"质效"面前，检察机关应当把公益诉讼案件质量和社会效果作为重点，"敢于啃硬骨头，突出办理群众反映强烈的重大案件"[1]，而要避免走入"以数量论英雄"的误区。

（二）树立"检察官是站着的法官"理念

亚里士多德有言："理想的法官，就是公平正义的化身。"法官作为法律的代言人、纷争的裁判者，端坐于法庭之中，通过一桩桩判决来实现社会之公正。检察官作为代表公共利益的控诉方，立于法庭之上，同样也是正义的实现者。罗科信认为，检察官在刑事诉讼中的地位虽然不同于法官，但是却如法官一样以法律价值为依据，以真实性和公平正义为取向。[2] 这就意味着，检察机关在刑事诉讼中不仅仅应代表国家追诉犯罪，而且还应关心社会公共利益和他人合法利益的实现。检察机关作为刑事诉讼审前程序的重要参与者，应当积极转变理念，主动发挥司法能动作用，把部分公平正义实现在检察环节[3]，而要避免成为机械的"法律宣读器"。

---

① 王地：《检察机关提起公益诉讼案件数量"井喷"的背后》，《检察日报》，2017 年 2 月 26 日，第 1 版。

② ［德］克劳思·罗科信：《刑事诉讼法》，吴丽琪译，北京：法律出版社，2003 年版。

③ 汪海燕：《我国酌定不起诉制度的困境与出路——论赋予犯罪嫌疑人选择审判权的必要性》，《政治与法律》，2004 年第 4 期。

1. 以审查逮捕诉讼化实现程序正义

审查逮捕权是一种程序性裁判权力，应当由相对中立、超然的司法官行使。[①] 然而长期以来，检察机关的审查逮捕因行政性明显、司法性不足而饱受诟病，具体在三个方面：一是案卷审致使公开性不足，二是单方审造成对辩护方意见尊重和听取不够，三是书面审违反司法亲历性要求。[②] 虽然《刑事诉讼法》在2012年修改了第86条，要求检察机关在审查逮捕时向直接审查、对话审理的方向转变，但是多年来审查逮捕始终没有消除行政化这一弊端，这有违裁判程序正义的原则。最高人民检察院发布的《"十三五"时期检察工作发展规划纲要》提出了"围绕审查逮捕向司法审查转型，探索建立诉讼式机制"的改革思路[③]，而在新时期背景下试点和逐步推行的由公安机关、犯罪嫌疑人（律师）和检察官"控、辩、裁"三方共同参与的诉讼式审查逮捕改革非常符合检察机关新的职能定位：一方面，审查模式由"行政审批"转变为"开庭审理"，检察官由审阅案卷的"行政官"转变为坐堂听审"法官"，体现了检察机关和检察官的司法属性；另一方面，对审化、言词化的方式让侦查机关的侦查违法行为更易暴露在检察机关面前，让检察机关从侦查机关的"保姆"回归到侦查行为的监督者，实现维护犯罪嫌疑人合法权益的正义价值。

2. 充分运用不起诉权实现实体正义

除在程序正义上有所作为外，检察机关亦可运用起诉裁量权，影响或终结刑事诉讼程序，实现平衡社会利益、调整社会关

---

① 汪海燕：《检察机关审查逮捕权的异化与消解》，《政法论坛》，2014年第6期。

② 万毅：《审查逮捕程序诉讼化改革的背景与框架》，《人民检察》，2017年第10期。

③ 最高人民检察院网站，http://www.spp.gov.cn/xwfbh/wsfbh/201609/t20160901_165379.shtml，2018年10月26日访问。

系、节约诉讼成本的目的。我国一直以来遵循起诉法定主义，起诉裁量空间十分狭小，实践中的不起诉适用率很低[①]，尤其是酌定不起诉和附条件不起诉方面，其应有价值难以发挥，检察机关几乎成为刑事案件的"二传手"，丧失了社会利益"平衡仪"和司法成本"控制器"的功能。例如，自 2011 年"醉驾"入刑后，全国各地检察机关审查起诉的醉酒型危险驾驶案件逐年增长[②]，以城市辖区为代表的基层检察院受案量更是呈暴涨态势，如此大量的人群被追究刑事责任，不符合刑法的谦抑性原则，同时，大量案件进入司法程序又导致司法资源向醉驾案件过度集中，严重影响司法效率、增加诉讼成本。[③] 面对刑法目的、原则的失范和审判机关的"不堪重负"，此时的检察机关却没有充分运用好起诉裁量权，对醉驾案件进行非犯罪化、非刑罚化和轻刑化处理，反而无形中增加了社会对立面、降低了诉讼效益。[④] 实践中，与"醉驾"案件类似的情况不在少数。因此，检察机关在审查起诉时应当更多地借鉴"起诉便宜主义"的原则，除考虑案件证据外，重视对社会公共利益的检验，维护经济、社会发展等大局

[①] 樊崇义、叶肖华：《论我国不起诉制度的构建》，《山东警察学院学报》，2006年第 1 期。

[②] 2011 年至 2014 年，全国醉酒型危险驾驶案件（追逐竞驶型危险驾驶案件数量过小，可忽略不计）在全部刑事案件中所占比例如下：2011 年为 1.4%，2012年为 6.5%，2013 年为 9.4%，2014 年为 10.7%。其中，2014 年全国法院受理的危险驾驶案已超过 11 万件。

[③] 刘仁文、敦宁：《醉驾入刑五年来的效果、问题与对策》，《法学》，2016 年第 12 期。

[④] 笔者于 2016 年针对 S 省 C 市 W 区检察院醉酒型危险驾驶案件作过一次调研，对近 3 年来 W 区检察院受理的醉酒型危险驾驶案件数量激增这一现象进行了分析，认为刑罚打击面过大、量刑失衡、执法力度加强是最为主要的原因，造成了司法资源的浪费。同时，笔者提出适当调整处罚对象、增加刑罚种类、加大行政处罚力度、统一协调执法标准的建议，以缓解、改变这一状况。

性、整体性的利益①，相对灵活地运用起诉裁量权。具体而言，检察机关可适当扩大酌定不起诉、附条件不起诉的应用范围，对"犯罪情节轻微"作适当扩大解释，并设置多样化的启动条件；同时，降低制度运行成本，健全程序设计，使之简单易行、阳光透明。

（三）强化"法律监督全覆盖"理念

检察机关的职能由诉讼职能和监督职能构成，但检察机关的部门设置没有依此划分成两个体系，而是采用交叉混合模式，即监督依托诉讼开展。龙宗智教授认为，这种模式存在两个问题：一是角色冲突，检察机关同时担任代表国家的控诉方和刑事诉讼的监督方，既是裁判员又是运动员；二是诉讼职能遮蔽监督职能，由于诉讼职能实而监督职能虚，检察机关往往重视诉讼职能而轻视监督职能，不利于监督权能发挥。②

因此，一些学者提出检察机关应设立专门法律监督部门的意见，实践中一些检察机关也进行了不同方式的改革。但是笔者认为分离模式不利于法律监督职能的实现，反而会加剧监督权的虚化。首先，虽然表面上监督职能可以和诉讼职能相分离，但是在实践中，很多监督职能需要依附于诉讼才能实现——如立案监督、审判监督，而这些监督职能从本质上讲也属于诉讼职能。其次，过去检察机关的监督虽然手段不足，但因有自侦权的支撑，效果尚可有一定保障；而自侦权转隶后，又将监督职能与诉讼职能截然划分，监督力度和效用则会进一步削弱。③ 再次，监督职能的实现需要线索来源，而这些监督线索大部分来自诉讼之中，

---

① 陈光中：《论我国酌定不起诉制度》，《中国刑事法杂志》，2001 年第 1 期。

② 龙宗智：《诉讼职能与监督职能的关系及其配置》，《人民检察》，2011 年第 24 期。

③ 龙宗智：《检察机关内部机构及功能设置研究》，《法学家》，2018 年第 1 期。

因此分离模式必然会影响线索的发现和移送，进而损害司法效率，可见监督职能和诉讼职能的分离不是解决法律监督疲软问题的良方。而在交叉混合模式下，检察机关要彰显监督职能，需要树立"法律监督全覆盖"的理念。

所谓"全覆盖"有两层含义，一方面是指过程的"全覆盖"监督。检察机关对侦查和审判的监督主要通过审查相关案件的案卷来开展，仅从审查逮捕、审查起诉的"附带"监督和对审判结果的审查，无法全面掌握侦查、审判活动的真实过程；同时，检察机关的监督活动不是动态监督，而多在事后进行，难以在事前、事中对违法（瑕疵）侦查、审判活动及时纠正。如何改变这种零星、滞后的监督模式，形成对侦查和审判活动全过程的及时监督，笔者认为可从两个制度机制的建立来实现：一是通过技术手段打通信息壁垒。信息不对称一直是检察监督难以有效开展的重要原因，而在信息技术高度发展的现今，可尝试建立类似"两法衔接"信息共享平台的监督系统，联通侦查机关、法院的数据后台，打破监督与被监督的信息壁垒，使侦查、审判活动在检察机关全方位呈现。二是检察机关主动介入。与诉讼活动的被动属性不同，监督活动可以主动作为，特别是重大复杂、涉及公民基本权利、社会公益或国家利益案件，可通过主动介入开展监督活动，确保监督的及时和全面。

另一方面是指监督范围的"全覆盖"。由于欠缺法定的支撑手段，检察监督实际效果与其宪法地位存在较为严重的脱节，以至于检察监督的重点被迫限缩于侦查、刑事审判等与刑事诉讼相关的活动上，而其他监督形式则显得十分软弱，职能遮蔽效应突出。检察监督体系作用发挥不平衡影响了法律监督的整体效益，背离了制度设计的意义，也有损法律监督的公信力，必须予以纠正。一是通过考核机制提升监督刚性。目标责任考核机制是驱动各机关组织正向运作的主要动力，将检察监督活动与被监督者的绩效挂钩，形成反向激励机制，从而对侦查、审判、行政执法活动进行制衡。二是通过公益诉讼提升监督公信力。自侦部门转隶后，检察机关有回归主责主业的迫切需求，在法律监督职能上需要新的突破口，对民事行政领域的监督自然应成为现阶段检察监督的优位选择。重视民事行政法律监督不仅是对检察监督长期限缩于刑事领域的修正，使检察机关更加符合宪法对其"法律监督机关"的定位，同时也是对民生和公益的关注，以及检察机关"群众性"的体现，有助于检察公信力的提升。

三、注重提升检察官的两种能力

司法体制改革对检察官专业化、职业化提出了要求，检察官的能力水平是检察事业蓬勃发展和科学发展的保障，是检察权科学运行和检察职能有效发挥的基础。在自侦权转隶背景之下，检察机关如何聚焦"主责主业"，需要对检察官的能力要求进一步明确和强调，来适应检察机关的理念更新，为以诉讼职能为核心、强化监督职能提供能力支持。

（一）提升"诉"的能力

"诉"是检察机关诉讼职能的核心，侦查、批捕、审查起诉等工作都是围绕"诉"来开展，可以说"诉"是检察机关诉讼职能的意义所在和立足之本。检察机关"诉"的职权需要依靠检察官来行使，因此检察官"诉"的能力高低直接影响检察机关诉讼职能能否有效发挥。在"大公诉"理念背景下，这里的"诉"不应理解为狭义的刑事公诉，而凡是围绕诉讼来开展的检察业务工作均应纳入"诉"的范围，所以检察官"诉"的能力的补强也不应局限在审查起诉和出庭能力的提高。笔者认为，新时期检察官"诉"的能力提升主要在两个方面：

1. 围绕庭审实质化的刑事诉讼综合能力的补强

庭审实质化是刑事诉讼的发展方向，其对直接言词原则的实践转变了庭审证据调查的方式——由以往对侦查证据的信赖，转变为以直接言词方式的法庭调查和采用个别化的证据审查判断来查明案件事实真相。[①] 同时，最高检《"十三五"时期检察工作发展规划纲要》也指出，要构建以证据为核心的刑事指控体系，强调检察环节对证据的把控，这就要求检察官摒弃侦查卷宗中心主义的证据观念。然而，检察官长期以来形成的对侦查证据的"放纵"和庭审"走过场"的观念，束缚了检察官能力的成长，与庭审实质化对控诉方的要求有不小差距。为适应庭审实质化改革，检察官应当注重补强三种能力：一是补强证据审查能力，尤其注重对客观性证据的审查，以及对瑕疵证据的补强和非法证据的排除；同时，需要严格贯彻证据裁判规则，建立书面审查与调查复核相结合的亲历性办案模式[②]，降低对侦查卷宗的依赖性。二是补强侦查引导能力，特别是对侦查取证的指引、强制措施合法性的监督，以及对侦查人员出庭的培训，以减轻侦查阶段程序瑕疵和违法给起诉带来的困难。三是补强庭审驾驭能力。庭审实质化的核心即开庭审理，固定证据、查明事实、辩诉意见、审议裁判均需要在庭审实施，因此检察官出庭支持公诉和法庭驾驭掌控能力尤为重要，尤其是公诉人围绕证据开展的讯问询问、示证质证和法庭辩论的能力系关键所在，将直接决定证据认定和事实查明，从而影响公正裁判和正义的实现。

---

① 马静华：《庭审实质化：一种证据调查方式的逻辑转变——以成都地区改革为样本的经验总结》，《中国刑事法杂志》，2017 年第 5 期。

② 最高人民检察院网站，http://www. spp. gov. cn/xwfbh/wsfbh/201609/t20160901_165379. shtml，2018 年 10 月 26 日访问。

2. 围绕公益诉讼职能的民事、行政诉讼能力的补强

自侦部门转隶前，民事行政检察工作无法与公诉、批捕、自侦工作在检察业务中的地位相提并论，长期的偏废也导致从事民事行政检察工作的检察官整体能力偏低，检察监督和公益司法保护的效果将难以保证。在新时期，行政执法监督权和公益诉讼职能的加入赋予民事行政检察工作新的生机，同时也需要与之能力匹配的检察官行使权力、发挥职能。笔者认为一是要补强案件调查能力。与侦查活动不同，公益诉讼的调查核实不能通过人身强制措施来进行，这导致检方取证能力和地位威慑优势受到限制，因此检察官需要专门培训取证方法与技巧，尤其是对客观证据的发现和收集，丰富调查核实手段。另外，公益诉讼涉及生态环境和资源、食品药品、国有资产保护等领域，检察官囿于知识储备和专业能力，调查核实活动常常无从下手，因而专业知识和人员的补充也十分重要。① 二是要补强民事和行政诉讼能力。公益诉讼适用民事诉讼和行政诉讼程序，与刑事诉讼存在重大差异。虽然公益诉讼人与纯粹的民事和行政诉讼原告相比享有一定的地位优势，但是毕竟与检察机关习惯的刑事公诉人身份不同，检察官需要熟悉民事和行政诉讼的各项规则，提升平等对抗中庭审的掌控能力，提高胜诉概率。

（二）提升"研"的能力

"没有专业知识和不经过专业培训就从事法律职业，就不能保证法律的严谨性，法律的权威就无法体现"②，研究能力作为检察官专业化的要求之一，是检察权科学运行和检察监督有效开

---

① 最高人民检察院：《关于检察机关提起公益诉讼试点工作情况的中期报告》，中国人大网，http://www.npc.gov.cn/npc/xinwen/2016-11/05/content_2001150.htm，2018年10月28日访问。

② 孙谦：《检察：理念、制度与改革》，北京：法律出版社，2004年版。

展的必要保障，没有一定的理论研究素养的检察官或没有理论研究团队的检察院，无法很好总结自身工作经验，从而难以解决检察实践中遇到的新情况和新问题，工作必然陷入被动应付。特别是在依法治国和检察权重大变革的语境下，检察机关需要通过对新局面、新职能的理论基础、价值规律和发展方向进行充分研究，才能推动检察工作的实践和创新。

笔者认为，新时期检察官研究能力的补强，应当聚焦在以下两方面：

1. 深入研究检察制度理论问题

与较为成熟的法院制度相比，检察制度是近现代发展起来的新制度，世界各国的检察权运行模式可谓"五花八门"，对检察权力定位、组织构架和建设发展的争论从未停止，是各国司法体制研究中面临的普遍问题。我国同样不例外，此次监察体制改革带来的讨论热潮正是检察制度仍存挑战的缩影，因而我们需要继续深入研究，夯实检察制度的理论根基。在我国，讨论检察制度的论者多来自检察机关内部，对问题的探讨从政治、实践角度出发较多，而理论性和深度不足，这恰恰反映出检察官们研究能力的短板。因此，检察机关需要注重培育检察官的研究能力和理论素养，丰富、深化检察制度理论研究成果，为检察制度改革发展提供智力支持。

2. 深入研究司法体制改革带来的实践问题

检察学是一门实践性学科，检察理论和制度的完善离不开检察工作实践。党的十八届四中全会开启了新一轮的司法改革，最高人民检察院据此制定了配套的检察改革方案，各级检察机关按照统一部署在稳步推进。如检察官员额制改革、检察机关提起公益诉讼试点、以审判为中心的刑事诉讼制度改革、检察机关内设机构改革等。但是宪法与法律对检察制度的定位和要求与制度实践中检察制度的运行状态存在较大差异，尤其在本轮检察改革幅度大、影响层面深、触及利益广的情况下，必须通过实践来对顶层设计不断完善。检察官作为检察制度运行的参与者，掌握着大量的一手实践经验，这就需要检察官具备问题意识、观察能力，利用有利条件挖掘实证资料，细致、全面地进行归纳、总结、分析，以检察制度运行的实际需要提出应对方法，为改革的不断修正提供充分的经验支持。

参考资料

一、中文著作

沈德咏：《严格司法与诉讼制度改革——推进以审判为中心的形式诉讼制度改革策论》，北京：法律出版社，2017年版。

张文显：《法理学》，北京：高等教育出版社，1999年版。

樊崇义：《刑事诉讼法学前沿问题与司法改革研究》，北京：中国人民公安大学出版社，2010年版。

卞建林：《深化刑事司法改革的理论与实践》，北京：中国人民公安大学出版社，2010年版。

陈卫东：《刑事诉讼法实施问题对策研究》，北京：中国方正出版社，2002年版。

何家弘：《检察制度比较研究》，北京：中国检察出版社，2014年版。

龙宗智：《论检察》，北京：中国检察出版社，2013年版。

邓思清：《检察权研究》，北京：北京大学出版社，2007年版。

徐益初：《论检察》，北京：中国检察出版社，2013年版。

王桂五：《论检察》，北京：中国检察出版社，2013年版。

王桂五：《王桂五论检察》，北京：中国检察出版社，2008年版。

王桂五：《人民检察制度概论》，北京：法律出版社，1982年版。

孙谦：《检察：理念、制度与改革》，北京：法律出版社，2004年版。

林钰雄：《检察官论》，台北：学林文化事业有限公司，1999
年版。

李士英：《当代中国检察制度》，北京：中国社会科学出版社，
1988 年版。

骆绪刚：《检察权运行司法化研究》，北京：中国法制出版社，
2017 年版。

王建国：《列宁检察权思想理论研究》，北京：北京大学出版社，
2013 年版。

段明学：《比较检察制度研究》，北京：中国检察出版社，2017
年版。

邵晖：《中国检察权的内部组织构造研究》，北京：中国政法大学
出版社，2017 年版。

张俊涛：《检察权与人权保障研究》，郑州：河南人民出版社，
2016 年版。

朱孝清、张智辉：《检察学》，北京：中国检察出版社，2014 年版。

刘东平、赵信会：《检察权监督制约机制研究》，北京：中国检察
出版社，2015 年版。

刘立宪、张智辉：《司法改革热点问题》，北京：中国人民公安大
学出版社，2000 年版。

卞建林、侯建军：《深化刑事司法改革的理论与实践》，北京：中
国人民公安大学出版社，2010 年版。

秦前红、叶海波：《国家监察制度改革研究》，北京：法律出版
社，2018 年版。

陈国权：《权力制约监督论》，杭州：浙江大学出版社，2013 年版。

宋冰：《美国与德国的司法制度与司法程序》，北京：中国政法大
学出版社，1998 年版。

武光军、顾国平：《新加坡反腐的历史进程及廉政建设机制研
究》，北京：中国法制出版社，2016 年版。

王以真：《外国刑事诉讼法学》，北京：北京大学出版社，1994
　年版。

李心鉴：《刑事诉讼构造论》，北京：中国政法大学出版社，1992
　年版。

樊崇义：《刑事诉讼法学》，北京：法律出版社，2004年版。

陈光中：《刑事诉讼法》，北京：北京大学出版社，2002年版。

袁家盛：《刑事侦查学》，北京：中国政法大学出版社，2005年版。

郑永年：《中国模式》，杭州：浙江出版联合集团、浙江人民出版
　社，2010年版。

李六如：《关于〈最高人民检察署暂行组织条例〉和〈地方各级
　人民检察署组织通则〉的说明》，载闵钐主编《中国检察史资
　料选编》。

最高人民检察院研究室编印：《检察制度参考资料（一）》。

《彭真年谱》第三卷，北京：中央文献出版社，2012年版。

二、中文译著

［美］艾瑞克·卢拉、［英］玛丽安·L.韦德：《跨国视角下的检
　察官》，杨先德译，北京：法律出版社，2016年版。

［苏］列宁：《列宁全集》第4卷，北京：人民出版社，2017年版。

［德］马克思、恩格斯：《马克思恩格斯全集》（第1版）第41
　卷，北京：人民出版社，1982年版。

［德］克劳思·罗科信：《刑事诉讼法》，吴丽琪译，北京：法律
　出版社，2003年版。

［德］托马斯·魏根特：《德国刑事诉讼程序》，岳礼玲、温小杰
　译，北京：中国政法大学出版社，2004年版。

［日］田口守一：《日本刑事诉讼法》，刘迪等译，北京：法律出
　版社，2000年版。

三、中文论文

龙宗智：《检察官客观义务的基本矛盾及其应对》，《四川大学学报（哲学社会科学版）》，2014 年第 4 期。

龙宗智：《强制侦查司法审查制度的完善》，《中国法学》，2011 年第 6 期。

龙宗智：《审查逮捕程序宜坚持适度司法化原则》，《人民检察》，2017 年第 10 期。

龙宗智：《诉讼职能与监督职能的关系及其配置》，《人民检察》，2011 年第 24 期。

龙宗智：《检察机关内部机构及功能设置研究》，《法学家》，2018 年第 1 期。

龙宗智：《论检察权的性质与检察机关的改革》，《法学》，1999 年第 10 期。

龙宗智：《中国法语境中的检察官客观义务》，《法学研究》，2009 年第 4 期。

龙宗智：《监察体制改革中的职务犯罪调查制度完善》，《政治与法律》，2018 年第 1 期。

陈光中、龙宗智：《关于深化司法改革若干问题的思考》，《中国法学》，2013 年第 4 期。

陈光中：《以审判为中心与检察工作改革》，《国家检察官学院学报》，2016 年第 1 期。

陈光中：《论我国酌定不起诉制度》，《中国刑事法杂志》，2001 年第 1 期。

郝银钟：《论批捕权的优化配置》，《法学》，1998 年第 6 期。

郝银钟：《批捕权的法理与法理化的批捕权》，《法学》，2000 年第 1 期。

孙长永：《检察机关批捕权问题管见》，《国家检察官学院学报》，

2009 年第 17 卷，第 2 期。

孙长永：《强制侦查的法律控制与司法审查》，《现代法学》，2005 年第 27 卷，第 5 期。

孙长永：《检察官客观义务与中国刑事诉讼制度改革》，《人民检察》，2007 年第 17 期。

陈瑞华：《论侦查中心主义》，《政法论坛》，2017 年第 2 期。

陈瑞华：《诉讼监督制度改革的若干思路》，《国家检察官学院学报》，2009 年 6 月，第 17 卷第 3 期。

张智辉：《也谈批捕权的法理》，《法学》，2000 年第 5 期。

韩成军：《侦查监督权配置的现状与改革构想》，《法学论坛》，2011 年第 4 期。

孙谦：《中国的检察改革》，《法学研究》，2003 年第 6 期。

但伟、姜涛：《侦查监督制度研究——兼论检察引导侦查的基本理论问题》，《中国法学》，2003 年第 2 期。

陈卫东：《我国检察权的反思与重构——以公诉权为核心的分析》，《法学研究》，2002 年第 2 期。

陈卫东、徐贞庆：《审查逮捕司法化构造的障碍及破解》，《中国检察官》，2016 年第 5 期。

张建伟：《论检察机关批捕权的完善》，《人民检察》，2004 年第 7 期。

杨立新：《新中国民事行政检察发展前瞻》，《河南政法财经大学学报》，1999 年第 2 期。

朱孝清：《国家监察体制改革后检察制度的巩固与发展》，《法学研究》，2018 年第 4 期。

朱孝清：《中国检察制度的几个问题》，《中国法学》，2007 年第 2 期。

朱孝清：《检察的内涵及其启示》，《法学研究》，2010 年第 2 期。

陈云生：《检察权与法律监督机关"疏离"的宪法安排及其寓意解析》，《法治研究》，2010 年第 11 期。

陈云生：《试论我国法律监督架构及其属性》，《人民检察》，2006
年第 3 期。

陈云生：《中国检察制度与"权力制衡原则"的内在关联的排除
之辩》，《政法论丛》，2011 年第 2 期。

徐益初：《从我国检察机关的发展变化看检察机关定位——对检察
机关法律监督地位的再认识》，《人民检察》，2000 年第 6 期。

徐益初：《实践中探索中国特色的检察制度——借鉴前苏联检察
制度的回忆与思考》，《人民检察》，2004 年第 12 期。

张文显：《中国法治 40 年：历程、轨迹和经验》，《吉林大学社会
科学学报》，2018 年第 5 期。

樊崇义、叶肖华：《论我国不起诉制度的构建》，《山东警察学院
学报》，2006 年第 1 期。

万毅：《论检察权的定位——兼论我国检察机构改革》，《南京师
大学报（社会科学版）》，2004 年第 1 期。

万毅：《审查逮捕程序诉讼化改革的背景与框架》，《人民检察》，
2017 年第 10 期。

马静华：《庭审实质化：一种证据调查方式的逻辑转变——以成
都地区改革为样本的经验总结》，《中国刑事法杂志》，2017 年
第 5 期。

刘妍：《侦查监督机制的构建及完善》，《中国刑事法杂志》，2009
年第 5 期。

沈雪中、糜方强、楼丽、赵宝琦：《试论检察机关捕诉机制改
革》，《第五届国家高级检察官论坛论文集》。

伏波：《"捕诉合一"抑或"捕诉分离"实务考察与理论探究》，
《第十二届国家高级检察官论坛论文集》。

刘善军、邵健儿：《捕诉引导侦查机制研究》，《国家检察官学院
学报》，2008 年第 16 卷，第 4 期。

许永俊、王宏伟：《捕诉合一办案机制研究》，《国家检察官学院

学报》，2001年第1期。

丁浩勇：《"捕诉衔接"机制研究》，《中国检察官》，2016年11期。

蒲阳：《侦捕诉一体化工作机制的运作原理及实践完善——兼论捕权上提的影响及应对》，《黑龙江省政法管理干部学院学报》，2012年第1期。

张梁：《"大部制"改革背景下检察机关内设机构整合问题研究》，《黑龙江省政法管理干部学院学报》，2016年第6期。

李季洵：《浅析刑事检察部"捕诉合一"新机制》，《法制与经济》，2017年第12期。

张玉鲲、张伟、蒋家棣：《"以审判为中心"背景下的刑事指控体系构建——以公诉主导的新型侦诉关系为重心》，《北京政法职业学院学报》，2017年第1期。

谢小剑：《论我国批捕权的归属》，《甘肃政法学院学报》，2010年总第110期。

天津市河北区人民检察院课题组：《完善检察机关"捕诉衔接"工作机制研究》，《法学杂志》，2013年第1期。

童之伟：《对监察委员会自身的监督制约何以强化》，《法学评论》，2017年第1期。

马怀德：《再论国家监察立法的主要问题》，《行政法学研究》，2018年第1期。

韩大元：《论国家监察体制改革中的若干宪法问题》，《法学评论》，2017年第3期。

韩大元、刘松山：《论我国检察机关的宪法地位》，《中国人民大学学报》，2002年第5期。

姜明安：《国家监察法立法的若干问题探讨》，《法学杂志》，2017年第3期。

陈卫东：《职务犯罪监察调查程序若干问题研究》，《政治与法律》，2018年第1期。

秦前红、石泽华：《论监察权的独立行使及其外部衔接》，《法治现代化研究》，2017 年第 6 期。

秦前红、石泽华：《目的、原则与规则：监察委员会调查活动法律规制体系初构》，《求是学刊》，2017 年第 44 卷，第 5 期。

秦前红、底高扬：《从机关思维到程序思维：国家监察体制改革的方法论探索》，《武汉大学学报（哲学社会科学版)》，2017 年第 3 期。

秦前红：《全面深化改革背景下检察机关的宪法定位》，《中国法律评论》，2017 年第 5 期。

秦前红：《国家监察体制改革宪法设计中的若干问题思考》，《探索》，2017 年第 6 期。

张建伟：《法律正当程序视野下的新监察制度》，《环球法律评论》，2017 年第 2 期。

施鹏鹏：《国家监察委员会的侦查权及其限制》，《中国法律评论》，2017 年第 2 期。

施鹏鹏：《法国检察官的职权》，《人民检察》，2007 年第 17 期。

朱福惠：《论检察机关对监察机关职务犯罪调查的制约》，《法学评论》，2018 年第 3 期。

冯铁拴：《中国监察体制改革论析：过去、现在和未来》，《甘肃政法学院学报》，2018 年第 2 期。

吴建雄：《国家监察体制改革背景下司法反腐的职能变迁与机制再造》，《中南大学学报（社会科学版)》，2018 年第 24 卷，第 2 期。

朱超然、王杰：《对香港特区廉政公署制度设计的思考与借鉴》，《河南社会科学》，2018 年第 3 期。

阳平：《论我国香港地区廉政公署调查权的法律控制——兼评〈中华人民共和国监察法（草案)〉》，《政治与法律》，2018 年第 1 期。

张文广：《新加坡法制反腐的有益做法及其启示》，《前进》，2018

年第 5 期。

史凤林：《监察权与司法权的协调衔接机制研究》，《中共山西省委党校学报》，2018 年第 41 卷，第 2 期。

熊秋红：《监察体制改革中职务犯罪侦查权比较研究》，《环球法律评论》，2017 年第 2 期。

李杨：《建国后我国职务犯罪侦查权之历史沿革及监督构想》，《攀枝花学院学报》，2017 年第 6 期。

石茂生：《以审判为中心的检察权利规范化》，《法学》，2016 年第 8 期

王贞会：《重大疑难案件检察引导侦查制度探讨》，《人民检察》，2017 年第 9 期。

崔凯、彭魏倬加：《检察机关"审前主导"的客观阻碍和实施进路》，《湖南社会科学》2016 年第 5 期。

穆书芹：《侦查阶段刑事错案防范之侦查理念、行为与制度构建》，《中国刑事法杂志》，2016 年第 1 期。

黄河：《证据监督与防范刑事错案》，《人民检察》，2010 年第 6 期。

黄生林：《检察机关公诉部门介入命案侦查的制度构建》，《人民检察》，2017 年第 4 期。

刘涛：《检察机关外部关系监督性之中外溯源》，《北方法学》，2010 年第 6 期。

甘雷、谢志强：《检察机关"一般监督权"的反思和重构》，《河北法学》，2010 年第 4 期。

刘松山：《彭真与 1979 年人民检察院组织法的制定》，《甘肃政法学院学报》，2015 年第 1 期。

魏晓娜：《依法治国语境下检察机关的性质与职权——兼论〈人民检察院组织法〉修改》，《中国法学》，2018 年第 1 期。

胡勇：《检察体制改革背景下检察机关的再定位与职能调整》，《法治研究》，2017 年第 3 期。

王治坤：《"法律监督"探源》，《国家检察官学院学报》，2010 年第 3 期。

陈冬：《监察委员会的设置与检察权的重构》，《首都师范大学学报（社会科学版）》，2017 年第 2 期。

胡勇：《监察体制改革背景下检察机关的再定位与职能调整》，《法治研究》，2017 年第 3 期。

袁博：《监察制度改革背景下检察机关的未来面向》，《法学》，2017 年第 8 期。

刘俊武：《市民社会与现代法的精神》，《法学》，1995 年第 8 期。

谢鹏程：《论检察权的性质》，《法学》，2000 年第 2 期。

汪海燕：《我国酌定不起诉制度的困境与出路——论赋予犯罪嫌疑人选择审判权的必要性》，《政治与法律》，2004 年第 4 期。

刘仁文、敦宁：《醉驾入刑五年来的效果、问题与对策》，《法学》，2016 年第 12 期。

《德国的检察制度——欧洲三国考察概况之二》，《人民检察》，1994 年第 11 期。

《俄罗斯联邦检察院组织法》，周志放译，《中国刑事法杂志》，2002 年第 6 期。

四、学位论文

邱飞：《侦查程序中的司法审查机制研究》，南京师范大学 2007 年博士学位论文。

夏杰：《纪检监察机关与检察机关反腐协作研究——以常州市为例》，南京理工大学硕士学位论文。

杨俊青：《审查逮捕权配置问题研究》，中国政法大学 2008 年硕士学位论文。

陈亮：《检察机关捕诉关系研究》，华东政法大学 2011 年硕士学位论文。

五、中文报纸

习近平：《更加科学有效地防治腐败，坚定不移把反腐倡廉建设引向深入》，《人民日报》，2013年1月23日，第1版。

习近平：《在第十八届中央纪律检查委员会第六次全体会议上的讲话》，《人民日报》，2016年5月3日，第2版。

《关于在北京市、山西省、浙江省开展国家监察体制改革试点方案》，《人民日报》，2016年11月8日，第3版。

邓思清：《捕诉合一是中国司法体制下的合理选择》，《检察日报》，2018年6月5日，第1版。

陈泽宪：《公诉权的合理延伸》，《检察日报》，2002年7月15日，第3版。

沈德咏：《我们应当如何防范冤假错案》，《人民法院报》，2013年5月6日，第2版。

隋宝玲等：《从宏观和微观角度完善补充侦查制度》，《检察日报》，2018年7月1日，第3版。

刘涛、张朝霞：《公诉专业化建设的路径选择》，《检察日报》，2008年5月6日，第7版。

徐盛希：《精英团队是这样炼成的》，《检察日报》，2015年6月24日，第11版。

《全国人民代表大会常务委员会关于在北京市、山西省、浙江省开展国家监察体制改革试点工作的决定》，《人民日报》，2016年11月8日，第3版。

龚亮：《全面实施检察机关提起公益诉讼制度》，《光明日报》，2017年7月7日，第4版。

邓思清：《捕诉合一是中国司法体制下的合理选择》，《检察日报》，2018年6月5日，第1版。

王圭宇：《检察机关：俄罗斯联邦的"护法机关"》，《检察日报》，

2015 年 9 月 15 日，第 3 版。

王地：《检察机关提起公益诉讼案件数量"井喷"的背后》，《检察日报》，2017 年 2 月 26 日，第 1 版。

六、中文网站

《不受监督的权力则是通向腐败的捷径》，网易新闻，http://news.163. com/17/0112/14/CAJA109K000187VE. html，2018 年 7 月 16 日访问。

常健：《中国人权事业迈向新阶段》，人民网，http://paper. people. com. cn/rmrbhwb/html/2017－11/25/content ＿ 1819276. htm，2018 年 7 月 16 日访问。

钟纪轩：《深化国家监察体制改革，健全党和国家监督体系》，人民网，http://theory. people. com. cn/n1/2018/0502/c40531－29959598. html，2018 年 9 月 7 日访问。

王梦遥：《中纪委特邀监察员马怀德：监察委不能有侦查、批捕、公诉等权力》，新京报网，http://www. bjneas. com. cn/news/2016/11/301425445. html，2018 年 9 月 10 日访问。

林子桢：《陈光中：监察体制改革需启动系统修法工程》，财新网，http://china. caixin. com/2017－01－17/101044638. html，2018 年 9 月 15 日访问。

罗晓东：《"调查权"与"侦查权"不应混同》，http://chuansong. me/n/1742372652115. html，2018 年 9 月 11 日访问。

《"十三五"时期检察工作发展规划纲要》，最高人民检察院网站，http://www. spp. gov. cn/xwfbh/wsfbh/201609/t20160901＿165379. shtml，2018 年 10 月 26 日访问。

最高人民检察院：《关于检察机关提起公益诉讼试点工作情况的中期报告》，中国人大网，http://www. npc. gov. cn/npc/xinwen/2016－11－05/content ＿ 2001150. htm，2018 年 10 月

28 日访问。

《"十三五"时期检察工作发展规划纲要》，新华网，http://
www. xinhuanet. com/legal/2016 － 09/01/c _ 1119496091.
htm，2018 年 9 月 17 日访问。

叶剑英：《关于修改宪法的报告——一九七八年三月一日在中华
人民共和国第五届全国人民代表大会第一次会议上的报告》，
人民网，http://www. people. com. cn/zgrdxw/zlk/rd/5jie/
newfiles/a1150. html，2018 年 9 月 23 日访问。

彭真：《关于七个法律草案的说明——一九七九年六月二十六日
在第五届全国人民代表大会第二次会议上》，人民网，http://
www. people. com. cn/zgrdxw/zlk/rd/5jie/newfiles/b1070.
html，2018 年 9 月 25 日访问。

曹建明：《关于〈中华人民共和国行政诉讼法修正案（草案）〉和
〈中华人民共和国民事诉讼法修正案（草案）〉的说明——2017
年 6 月 22 日在第十二届全国人民代表大会常务委员会第二十
八次会议上》，中国人大网，http://www. npc. gov. cn/npc/
xinwen/2017－06/29/content _ 2024890. htm，2018 年 10 月
29 日访问。

祁彪：《前世今生："捕诉"衔接机制那些年》，民主与法制网，
http://www. mzyfz. com/cms/benwangzhuanfang/xinwenzho
ngxin/zuixinbaodao/html/1040/2018 － 09 － 28/content －
1363321. html，2018 年 10 月 8 日访问。

《中国共产党第十八届中央委员会第六次全体会议公报》，人民
网，http://cpc. people. com. cn/n1/2016/1027/c64094 －
28814120. html，2018 年 9 月 6 日访问。

《中国共产党第十八届中央委员会第四次全体会议公报》，人民
网，http://cpc. people. com. cn/n/2014/1023/c64094 －
25896724. html，2018 年 10 月 3 日访问。

《中国共产党第十八届中央委员会第四次全体会议公报》，人民
网，http://cpc. people. com. cn/n/2014/1023/c64094 —
25896724. html，2018 年 10 月 3 日访问。